LA GUERRE DES DEUX FRANCE

collection tempus

JACQUES MARSEILLE

LA GUERRE DES DEUX FRANCE

Celle qui avance et celle qui freine

Perrin

www.editions-perrin.fr

© Plon, 2004 et Éditions Perrin, 2005 pour la présente édition
ISBN : 2-262-02283-6

tempus est une collection des éditions Perrin.

*En hommage à Jean Fourastié,
un modèle d'intelligence et de simplicité
qui m'a appris à débusquer les mythes
et à mettre en lumière les réalités.*

L'auteur exprime sa reconnaissance à Mathieu Carquain pour sa précieuse collaboration à la réalisation de cet ouvrage et dont les remarques lui ont été fort utiles.

Les deux France

Ce livre a pour orgueilleuse ambition de prendre le relais des célèbres *Trente glorieuses* écrites par Jean Fourastié en 1979. Dans cet ouvrage qui a fait date, Jean Fourastié mettait en lumière, avec des mots simples et des chiffres qui l'étaient tout autant, les formidables mutations économiques et sociales survenues en France au cours des années 1946-1975. Il se demandait surtout pour quelles raisons les Français avaient tant gémi alors qu'en moins d'une génération leur niveau de vie avait triplé : « Les historiens qui, tôt ou tard, dépouilleront les journaux de la période 1946-1975 y trouveront peu de témoignages de l'ardeur de la vie et de la joie du peuple français, écrivait-il. Les grandes mutations du niveau de vie et du genre de vie n'y apparaissent pas ; la morosité, l'inquiétude, l'annonce ou le récit de catastrophes, accidents et troubles dominent de beaucoup… Le théâtre, le cinéma, la musique, la peinture, la sculpture, l'art en général, sont de même un témoignage non de triomphe et d'enthousiasme mais de dérision et de décomposition. Sans parler ici davantage ni de politique étrangère, ni de politique intérieure, ni des guerres plus ou moins froides, ni des accidents et faits divers quotidiens, nous avons à évoquer le climat moral qui a prévalu en France au cours de nos trente récentes années : climat si peu glorieux, si peu accordé à leurs glorieux succès matériels.

Comment un grand peuple a-t-il pu vivre dans la grisaille, l'inquiétude ou la hargne la splendide réalisation du plus long espoir de ses ancêtres ? »

C'est parce que cette interrogation est aussi la mienne que j'ai voulu comprendre la France dans laquelle je vis. Chasseur de ce concret qui est la seule matière première de la réflexion, je me suis toujours demandé pourquoi, trente ans après le premier choc pétrolier de 1973, les « experts » chargés d'élaborer les programmes d'histoire et de géographie pour l'Éducation nationale continuaient à prescrire : « On tracera le cadre économique et social du second XXᵉ siècle en évoquant successivement la croissance et la crise », comme s'ils voulaient cultiver le pessimisme de la jeune génération.

« Crise », un mot attrape-tout. Serge July le pointait déjà en 1984 dans l'éditorial d'un numéro spécial de *Libération* hardiment intitulé « Vive la crise ! ». « Le mot "crise" hante donc notre vie quotidienne. Au hit-parade des utilisations, ce mot bat tous les records depuis la fin des années 1970. Son succès, la généralisation de son usage à tous les domaines, est sans doute l'un des grands événements de ces dernières années. En tout cas, un événement qui n'a rien d'innocent. C'est le signe en traduction simultanée d'une prise de conscience extraordinaire. »

Vingt ans plus tard, rien n'a réellement changé. Mal dans son être, la France est aussi morose qu'autrefois, à tel point qu'on peut se demander si la maladie qui la ronge n'est pas incurable. Mais d'où vient cette « crise » qu'aucune autre société comparable ne ressent à un tel degré ? Pourquoi la France est-elle inquiète, fatiguée, déboussolée ? Pourquoi joue-t-elle ainsi à se faire peur, à se complaire dans le sentiment du déclin ? Ne serait-elle pas simplement schizophrénique ?

Troublé par ces questions, j'ai commencé, comme Jean Fourastié, par comparer la France à la Polaquie, un pays que je connais bien pour y avoir vécu près de trente ans et surtout pour avoir rassemblé sur lui une masse d'informations, d'enquêtes et de recensements. De la comparaison avec la

France, je souhaite que le lecteur mesure le contraste entre un pays « économiquement développé » comme la France et un pays qu'il faut bien qualifier de « traditionnel ». Par cette confrontation, il ressentira sans doute la distance qui le sépare des Polaques. Sans doute ne sera-t-il pas pour autant guéri de sa neurasthénie ? Mais peut-être prendra-t-il conscience que la « dépression » qu'il croit vivre est moins liée aux agressions du marché et de la mondialisation qu'à l'action néfaste des « antidépresseurs » auxquels il a trop facilement recours.

La Polaquie

Situé dans un environnement de pays moyennement développés, la Polaquie compte un peu plus de 52 millions d'habitants. Sur ce nombre, un tiers a moins de vingt ans et 13,1 % plus de 65 ans. Il y a régulièrement 860 000 naissances par an et 550 000 décès. En Polaquie, l'espérance de vie des hommes à la naissance est de 68,4 ans, soit moins de quatre ans après l'âge légal de la retraite qui est fixé à 65 ans. Certes, les hommes qui atteignent l'âge de 65 ans ont encore en moyenne treize ans à vivre, mais ce chiffre n'a guère évolué puisqu'il y a trente ans, ils pouvaient tabler sur une douzaine d'années. Un an de retraite supplémentaire en trente ans, le gain est maigre.

Sur les 860 000 naissances enregistrées chaque année en Polaquie, 12 000 bébés décèdent avant l'âge d'un an, l'équivalent ou presque du nombre de tués par accident de la route. Comme c'est également le cas pour ce type de pays, le taux de mortalité infantile reste relativement élevé : 15,4 ‰. Même si la Polaquie a entrepris depuis trente ans un effort de scolarisation sans précédent, 22,5 % seulement des jeunes y décrochent le diplôme de fin d'études secondaires, soit moins de 200 000. Pis, autant quittent le système éducatif sans aucun diplôme.

Il faut dire qu'en Polaquie l'organisation du travail fait encore la part belle aux OS, ces ouvriers spécialisés sans grande qualification. Dans ce pays, la progression du nombre d'ouvriers est d'ailleurs spectaculaire : ils étaient 3,5 millions il y a cent ans, ils sont aujourd'hui plus de 8 millions, soit 45,7 % des actifs masculins et 22,6 % des actifs féminins. En Polaquie, un actif sur trois est un ouvrier et près de la moitié de cette catégorie, sans qualification, manifeste, par des grèves de plus en plus nombreuses, le malaise de ces « travailleurs en miettes » ahanant toujours 44 heures par semaine et 1 957 heures par an. Autant dire que le parti communiste prospère en Polaquie. Même s'il a régressé en pourcentage de voix depuis la fin de la Seconde Guerre mondiale, il rassemble toujours plus de 20 % des voix exprimées, soit plus de 5 millions d'électeurs. Élément pivot d'un rassemblement des forces de gauche, il a la ferme conviction que son programme de nationalisations massives est de nature à ouvrir la voie polaque du passage au socialisme selon les principes universels du socialisme scientifique.

En Polaquie, le salaire minimum brut est de 684 euros par mois (4 486 francs). À elles seules, les dépenses d'alimentation représentent 36,2 % du total de la consommation. Le taux d'équipement en téléphones reste encore modeste puisque 65 % des ménages en sont dépourvus et, surtout, 86 % des ouvriers. On aura une image concrète du niveau de consommation de cette population si l'on apprend que, pour acheter un poulet ordinaire prêt à cuire, le « smigard » de Polaquie doit travailler 111 minutes ; pour un kilo d'oranges, 40 minutes ; pour une douzaine d'œufs, 61 minutes ; pour un kilo de bifteck dans le faux-filet, 6 heures et 16 minutes ; pour un camembert normand 45 % de matières grasses, 43 minutes ; pour un litre de vin rouge de consommation courante, 30 minutes ; pour la consultation d'un médecin généraliste, 4 heures 46 minutes ; pour un litre d'essence ordinaire, 17 minutes ; pour un carnet de 10 tickets de métro, 2 heures 7 minutes ; pour une place sans réduction au cinéma, le même temps et pour une ampoule électrique de 75 watts, une demi-heure…

La France

Le contraste entre la Polaquie et la France éclate si l'on compare les prix de ces mêmes objets en France. Le kilo de faux-filet ne coûte que 118 minutes de travail en France, soit trois fois moins qu'en Polaquie, résultat pourtant mince par rapport à la division par 5 du « prix » d'une ampoule électrique.

TABLEAU 1		
FRANCE ET POLAQUIE		
Durée de travail en minutes		
nécessaire pour acheter…	Polaquie	France
1 kg d'oranges	40	13
12 œufs	61	19
1 kg de faux-filet	376	118
1 kg de poulet prêt à cuire	111	19
1 camembert de 250 g	43	14
1 litre de vin ordinaire	30	14
1 place de cinéma	127	70
1 consultation de médecin généraliste	286	166
1 ampoule électrique de 75 W	30	6
1 carnet de 10 tickets de métro	127	83
1 litre d'essence ordinaire	17	9

L'écart est encore plus fantastique pour certains produits manufacturés. 99 % des ménages possèdent un téléphone contre 35 % seulement en Polaquie. 38 % disposent d'un lave-vaisselle contre 9,5 % seulement des Polaques. C'est dire que la France est, malgré ce qu'en pensent certains, un pays hautement développé où le niveau de vie moyen est 2 à 3 fois plus élevé qu'en Polaquie. Le salaire minimum y est, d'ailleurs, deux fois supérieur.

Toutes les autres données confirment cette supériorité de la France sur la Polaquie. En France, le taux de mortalité infantile n'est que de 4,5 ‰ et l'espérance de vie est de sept ans supérieure à celle des Polaques. En France, près de 500 000 jeunes obtiennent le baccalauréat, soit les deux tiers d'une génération, alors que ce pourcentage n'est que de 22,5 % en Polaquie. La productivité du travail y est d'ailleurs plus élevée. Par heure travaillée, elle est de près de 34 dollars de 1990 contre 18 seulement en Polaquie.

Dans le même temps, les ouvriers se sont raréfiés (le vote communiste avec, d'ailleurs), au profit de nouvelles activités baptisées d'un autre nom fourre-tout, les « services ». Rassemblant commerces, transports, services aux entreprises (informatique, conseil, publicité, travail temporaire, sécurité et nettoyage, postes et télécom…) et aux particuliers (audiovisuel, hôtels, cafés, restaurants, blanchisserie, coiffure…), activités immobilières et financières, éducation, santé et action sociale, elles assurent désormais 72 % des emplois. Par ailleurs, la France, qui exporte 28 % de son PIB (Produit Intérieur Brut), est bien plus ouverte sur le monde que ne l'est la Polaquie qui exporte moins de 15 % du sien. Ainsi, la compagnie nationale aérienne polaque transporte par an 7,6 millions de passagers. Air France en transporte cinq fois plus.

Les deux France

Le moment est maintenant venu de préciser ce que la plupart des lecteurs ont deviné. Pays au nom imaginaire mais ayant réellement existé, la Polaquie est la France de 1973, à la veille du premier choc pétrolier. À cette date, le PIB par habitant s'élevait à un peu plus de 13 000 dollars. C'est aujourd'hui un peu moins que le PIB par habitant de la Corée du Sud, du Portugal, bientôt celui de la Pologne ou de la République tchèque. À cette date, pour reprendre la formule de

Jacques Lesourne[1], la France était, sur le plan économique et peut-être même social et culturel, une Union soviétique qui a avait réussi. L'État possédait l'essentiel des instruments de commande de l'économie : le crédit, les principaux services, le logement, le contrôle des prix et des conditions de travail. Enracinée dans la mémoire collective, l'entrée dans la fonction publique conférait une sorte de sacrement laïque. Censés ignorer la corruption et veillant à l'égalité de traitement entre les administrés, les fonctionnaires avaient la ferme conviction qu'ils étaient les seuls à savoir ce qui était bon pour la France. Méprisant le profit et l'argent, ils s'assuraient surtout que tout franc perçu et dépensé l'avait été selon les règles et ne se souciaient guère de l'âge de leur retraite. Certains, relativement nombreux, pensaient même que, avant la fin du siècle, le niveau de vie de l'URSS dépasserait celui des États-Unis. C'était l'époque où le Programme commun de gouvernement de la gauche cosigné par Robert Fabre, Georges Marchais et François Mitterrand annonçait le passage proche au socialisme par le biais des « nationalisations démocratiques ».

Trente ans plus tard, une France nouvelle est née sur les décombres de l'ancienne. En trente ans, au cours de cette période que nous appelons paresseusement la « crise », le PIB par habitant a quasiment doublé, le patrimoine moyen a triplé, le taux de mortalité infantile a été divisé par 4, la durée hebdomadaire du travail a baissé de 44 à 35 heures et le nombre de bacheliers par âge a triplé.

Pour paraphraser Jean Fourastié, ne devrait-on pas appeler « glorieuses » ces trente années qui ont ainsi bouleversé la France ? Tout le pari de ce livre est de répondre affirmativement à cette interrogation et de comprendre à quel point la France d'aujourd'hui ne ressemble plus à la France d'hier, sauf dans les valeurs et les comportements de ceux qui refusent d'admettre le progrès, ses contraintes et ses logiques.

1. Jacques Lesourne, *Le Modèle français*, Odile Jacob, 1998.

PREMIÈRE PARTIE

LES NOUVELLES « TRENTE GLORIEUSES »

1

Le nouveau calendrier de la vie

De tous les progrès humains, le plus important, mais sans doute le plus mal perçu, est la durée de la vie, car pour être homme, il faut d'abord être vivant. Dans un article de la revue *Population* datée de 1952, Jean Bourgeois-Pichat, un des meilleurs démographes de son temps, estimait que l'homme de 2 100 vivrait en moyenne quatre-vingts ans, mais pas plus. En 1961, reprenant à son compte cette hypothèse dans *La Grande Métamorphose de la France*, Jean Fourastié écrivait : « Si l'on parvenait à élever ce chiffre de quatre-vingts, les problèmes que nous évoquons ici ne seraient que plus aigus. » Quand il faisait ces prévisions, l'espérance de vie moyenne des hommes était de 65 ans et celle des femmes de 71 ans. En quarante ans, elle s'est élevée à 76 ans pour les hommes et à 83 ans pour les femmes. Autant dire que c'est un nouveau calendrier de la vie qui s'est tracé en un temps trop court pour que les Français en prennent réellement conscience.

Il suffit toutefois, pour en prendre la mesure, de comparer les trajectoires de vie d'une femme née en 1950, qui avait vingt-trois ans au moment du premier choc pétrolier, et d'une femme née en 1980, qui fête ses vingt ans à l'aube du XXIᵉ siècle. Appelons la première Nadine, un des prénoms les plus populaires au début des années 1950, et la seconde Séverine, qui n'est autre que la fille de Nadine.

Portraits croisés

Nadine est née dans une famille d'ouvriers de quatre enfants. Après de bonnes études dans un CES, elle a obtenu le BEPC, comme seulement 7 % des filles de sa génération. Après avoir réussi un concours administratif, elle est alors devenue à 18 ans employée de mairie. À 20 ans, elle mesurait 1,60 mètre et pesait 58 kilos. Elle s'est mariée en 1972, l'année où ont été célébrés en France 416 500 mariages, le record du second XXe siècle avec un taux de nuptialité de 8,1 %. C'est que, pour elle comme pour son mari, le couple était une valeur de référence et le mariage considéré comme une promesse d'alliance indissoluble. Comme la moyenne des femmes de son âge, elle avait 22 ans au moment de son mariage. Jean-Paul, son mari, employé aux PTT, avait 24 ans, comme la moyenne des hommes de son âge. Il mesurait 1,72 mètre et pesait 72 kilos. À cette époque, on parlait moins du divorce (en 1970, 1 375 employées sur 100 000 avaient divorcé) que de la pilule, cette invention salvatrice dont l'usage venait d'être autorisé par la loi du 14 décembre 1967. Au terme d'un débat houleux à l'Assemblée nationale, les femmes avaient désormais le droit de recourir à la contraception pour éviter les naissances non désirées. La loi Neuwirth autorisait le recours à la pilule, au diaphragme et au stérilet. Cependant les mineures de moins de 21 ans devaient disposer d'une autorité parentale, et les dépenses de contraception n'étaient pas prises en charge par la Sécurité sociale. Les adversaires de la libéralisation avaient évoqué le spectre du vieillissement et du dépeuplement de la France, les dangers de la pilule pour les utilisatrices et surtout le relâchement des mœurs. « La pilule va encore favoriser davantage les amours illicites et ébranler les assises de la famille », avait déclaré à l'Assemblée l'un des opposants à la loi à laquelle s'était finalement ralliée la majorité des députés. Nadine, qui avait connu Jean-Paul à cette date, se rappelait que le pharmacien de son quartier avait refusé de lui vendre une boîte de pilules en la traitant presque de prostituée. En se mariant en cette année 1972, Nadine se rappelait aussi que cela faisait seulement cinq ans qu'elle avait désormais le droit d'ouvrir un compte en banque et qu'elle pouvait exercer une activité professionnelle sans que son époux puisse s'y opposer. En se mariant, enfin, elle n'avait pas osé avouer à sa famille que leur premier enfant naîtrait dans huit mois seulement, et que son bébé, dont elle ne connaissait pas encore le sexe, serait comptabilisé, comme 26 % des nouveau-nés de cette année, dans les « conceptions prénuptiales », c'est-à-dire, selon la définition de l'époque, comme « les naissances survenues au cours des huit premiers mois du mariage »… Des enfants, elle en aura finalement trois, la dernière, Séverine, étant née en 1980. '

Si tout se passe en conformité avec la moyenne, Nadine, qui a toujours travaillé, prendra sa retraite en 2010 et pourra espérer en jouir 11 ans puisque, en moyenne, l'espérance de vie des femmes nées en 1950 et ayant survécu au cours de leur première année est de 71 ans. *En moyenne, son temps de travail aura représenté environ 12 % du temps de sa vie.* Sans doute moins si, comme l'hypothèse est plausible, son espérance de vie est prolongée au-delà des probabilités statistiques.

Séverine est née en 1980. En 2001, c'est une superbe jeune fille de 1,68 mètre et de 62 kilos. Par rapport à sa mère, elle a gagné 8 centimètres. Comme un jeune sur trois, elle fume régulièrement mais ne consomme pratiquement pas d'alcool. Par contre, comme la moitié des jeunes de son âge, elle a déjà expérimenté le cannabis. Après le baccalauréat en sciences économiques et sociales qu'elle a obtenu à l'âge de 18 ans, elle poursuit ses études à l'université comme plus de 25 % des jeunes filles de son âge. Il est fort probable qu'elle se mariera vers 28-29 ans et qu'elle aura son premier enfant vers 30 ans. Il est fort envisageable aussi, on ne le lui souhaite pas particulièrement, que ce mariage se termine par un divorce.

TABLEAU 2

NOMBRE DE DIVORCES POUR 100 MARIAGES

1973	12,7
1985	30,5
1993	34,8
2002	45,7

Comme une jeune fille de son âge sur deux, elle habite chez ses parents. Comme 85 % des femmes ayant un diplôme supérieur, elle travaillera et se posera la « question des enfants ». C'est qu'elle saura, pour l'avoir lu, qu'un couple avec un jeune enfant dépense à niveau de vie équivalent environ 25 % de plus qu'un couple sans enfant et que ce surcroît de dépense double quasiment, pour atteindre plus de 45 % quand l'enfant est plus âgé. Ainsi, c'est aujourd'hui 30,7 % des femmes actives de 15 à 60 ans qui n'ont pas d'enfants, comme si l'investissement professionnel et l'investissement familial devenaient de plus en plus inconciliables.

Séverine, qui entrera vers 25 ans dans le monde du travail et en sortira sans doute vers 65 ans ou plus, devrait pouvoir espérer jouir de sa retraite jusqu'à l'âge de 88 ans. En moyenne, son temps de travail, limité à 35 heures par semaine, aura représenté environ 7 % du temps de sa vie. En une génération, elle aura gagné 145 000 heures de vie supplémentaires et 15 000 heures de travail en moins ; 160 000 heures d'inactivité en plus, un peu plus de dix-sept ans d'inactivité gagnés, 20 % du temps de sa vie. Natalité, mortalité, nuptialité, divorce, partage travail/inactivité, tout a autant changé sinon plus au cours des « nouvelles Trente Glorieuses » qu'entre 1945 et 1973.

7 000 bébés sauvés de la mort

Il y a trente ans seulement, pourrait-on dire, le taux de mortalité infantile, c'est-à-dire le nombre de bébés décédés avant l'âge d'un an, était de 15,4 ‰ ; il est aujourd'hui de 4 ‰. En clair, cela veut dire que, par rapport à un passé proche, plus de 7 000 enfants sont aujourd'hui épargnés par la mort au

---

TABLEAU 3

TAUX DE MORTALITÉ INFANTILE EN 2003
(pour 1 000 naissances vivantes)

Allemagne	4
Autriche	5
Belgique	5
Danemark	5
Espagne	4
Finlande	3
France	4
Grèce	6
Irlande	6
Italie	5
Luxembourg	6
Pays-Bas	5
Portugal	5
Royaume-Uni	5
Suède	4
États-Unis	7
Japon	3
…	
Mozambique	201

---

cours de leur première année de vie. Soit 7 000 familles qui n'ont plus à pleurer la perte de l'enfant qu'elles avaient désiré : 7 000 vies supplémentaires. Soit l'équivalent de la population d'une commune comme Sisteron, en Provence, épargné de la destruction chaque année. On peut rappeler, pour faire bonne mesure, qu'il y a cinquante ans seulement le taux de mortalité infantile était encore de près de 60 ‰, un taux près de quinze fois supérieur à ce qu'il est aujourd'hui, et qui envoyait alors au cimetière près de 50 000 bébés avant leur premier anniversaire contre un peu plus de 3 000 en ce début du XXIᵉ siècle. Voilà sans aucun doute l'aspect le plus « glorieux » de nos trente dernières années : en moins de cinquante ans, la France est passée du 12ᵉ au 2ᵉ rang des pays européens. Certes, Françaises et Français d'aujourd'hui font moins d'enfants qu'il y a trente ans, mais, la différence est de taille, ces enfants restent quasiment tous vivants.

À cet égard, comme le fait remarquer avec raison Emmanuel Todd, le mauvais classement des États-Unis est à la mesure de la stagnation culturelle d'un pays dont les performances économiques ne se sont pas traduites par une amélioration sensible des performances sanitaires. En 1950, les États-Unis avaient l'un des taux de mortalité infantile les plus bas du monde, n'étant devancés que par la Suède, la Norvège, les Pays-Bas et la Nouvelle-Zélande. En 1970, la France avait un taux comparable (18,2 ‰ contre 19,8 ‰ pour les États-Unis). Aujourd'hui, les États-Unis pointent au… 28ᵉ rang, avec un taux supérieur à ceux de la république de Corée ou de Singapour, et légèrement inférieur à ceux de la Slovaquie ou des Émirats arabes réunis. Rien de plus impitoyable que la comparaison internationale des taux de mortalité infantile.

Sans qu'il faille pour autant évoquer les croissances respectives des dépenses de santé. Ainsi, le nombre de morts subites du nourrisson, qui était encore en France de 1 464 en 1991, chute à 880 en 1994 et 451 en 1996. Or cette diminution brutale des cas doit simplement être mise au crédit de la première campagne nationale d'éducation sanitaire commencée en octobre 1994. Un fait sur lequel il faudra lourdement insister. Contrairement à un lieu commun dont on voit qui peut avoir intérêt à le propager, l'allongement de l'espérance de vie des Français peut se faire à faible coût et à forte efficacité !

Vingt ans de retraite en moyenne

Ce ne sont pas seulement les nouveau-nés qui ont bénéficié en France du recul de la mortalité. Aujourd'hui, la prime de vie est aussi devenue très forte pour tous les âges. Ainsi, il y a trente ans, à 65 ans, le nombre de survivants sur 10 000 hommes pris à la naissance était de 6 827 ; il est aujourd'hui de 7 843. Soit un peu moins de 40 000 hommes qui seraient autrefois décédés avant de bénéficier de la retraite et qui, aujourd'hui, sont frais et dispos pour en jouir. 40 000 hommes, soit l'équivalent de la population de Compiègne sauvée tous les ans de la tombe. Il y a trente ans encore, les hommes qui avaient atteint l'âge de 65 ans n'avaient plus en moyenne que treize ans à vivre ; aujourd'hui, leur espérance de vie est passé à dix-sept ans. Soit quatre ans de vie supplémentaires en moyenne pour les Français du troisième âge. Autre façon de percevoir les choses : en 1973, un Français qui bénéficiait de sa retraite à 65 ans pouvait espérer en bénéficier en moyenne pendant treize ans. Aujourd'hui, un Français qui la prend à 60 ans pourra en jouir en moyenne pendant vingt ans. En 1973 toujours, un Français qui avait atteint l'âge de 80 ans avait encore en moyenne un peu moins de six ans à vivre. Aujourd'hui, il lui reste près de huit ans.

Cet allongement spectaculaire de l'espérance de vie que rien ne semble devoir arrêter est encore plus spectaculaire pour les femmes. Il y a trente ans, à 65 ans, le nombre de survivantes sur 10 000 femmes prises à la naissance était de 8 486 ; il est aujourd'hui de 9 051. Ce qui peut s'écrire autrement : aujourd'hui, une femme a 90 % de chances d'atteindre l'âge de 65 ans et 80 % de chances d'atteindre l'âge de 75 ans. À cet âge, l'espérance de vie est encore de treize ans, contre dix en 1973. À 85 ans, elle est encore de plus de six ans.

	65		70		75		80		85	
	1972	1998	1972	1998	1972	1998	1972	1998	1972	1998
Hommes	13,1	16,4	10,3	13,1	7,9	10	5,9	7,4	4,3	5,3
Femmes	17,1	20,9	13,3	16,7	10,0	2,9	7,3	9,4	5,2	6,5

TABLEAU 4

ESPÉRANCE DE VIE AUX ÂGES INDIQUÉS

Autant dire qu'une femme qui prend sa retraite à 60 ans peut aujourd'hui espérer en jouir pendant plus de vingt-cinq ans contre un peu plus de vingt ans en 1973. Cinq ans de retraite en plus en trente ans. Deux mois tous les ans !

Avec ce recul régulier de la mortalité, être centenaire devient en même temps un fait de plus en plus « banal ». Près de 10 000 personnes ont traversé le XXe siècle dans sa totalité, nées avant 1901 et encore vivantes au 1er janvier 2001. Ces centenaires n'étaient qu'un millier au 1er janvier 1970. Elles n'auraient été qu'une centaine au 1er janvier 1901 à avoir traversé le XIXe siècle.

Autre effet de cet allongement de l'espérance de vie : autrefois, il était exceptionnel, pour une personne à la retraite, d'appartenir à une famille comportant quatre générations successives. Aujourd'hui, et encore plus demain, une telle situation est beaucoup plus fréquente : 44 % des femmes nées en 1950 seront arrière-grands-mères contre 26 % des femmes nées en 1920 ; 12,6 millions de personnes sont aujourd'hui grands-parents – parmi eux, deux millions sont arrière-grands-parents et environ 30 000 seraient arrière-arrière-grands-parents ! Chance évidente que d'aborder sa propre vieillesse en présence de ses parents mais relative angoisse aussi pour celles et ceux qui, pour la première fois placées au carrefour des générations, devront en supporter les charges.

Ce sont aussi les travailleurs que la mort épargne de plus en plus. Les accidents professionnels ayant conduit à une incapacité permanente ou à un décès ont en effet fortement diminué. En 1973, on avait enregistré 2 246 décès par accident du travail dont plus d'un tiers dans le bâtiment et les travaux publics. On n'en compte moins de 800 aujourd'hui.

Enfin, alors que l'actualité pourrait laisser croire à une aggravation, c'est aussi la route qui est infiniment plus sûre. Ainsi, entre 1975 et 2000, le nombre annuel de blessés est passé de 354 000 à 154 000 et celui des tués de 13 200 à 7 700. C'est le nombre d'accidents lui-même qui a baissé, passant entre ces deux dates de 258 000 à 117 000 alors que, dans le même temps, le nombre d'automobiles en circulation passait de 12 à 27 millions. En 1975, on enregistrait 1 accident pour 46 véhicules ; aujourd'hui on en compte 1 pour 230. Autant dire que la route est cinq fois moins meurtrière aujourd'hui qu'au lendemain du premier choc pétrolier.

Beaucoup moins de morts à la naissance, beaucoup moins de morts par accident du travail, beaucoup moins de morts par accident de la route. Ce sont plus de 16 000 Françaises et Français que ces années « glorieuses » ont ainsi permis de sauver chaque année de la mort. Aujourd'hui, les Français meurent moins qu'avant, et, quand ils meurent, c'est finalement toujours pour les mêmes raisons.

Pour un Français sur cinq, la mort est un « choix de vie »

528 000 décès ont été enregistrés en 2001 pour une population de 59 344 000 habitants. En 1973, on en avait enregistré

556 000 pour une population de 51 916 000. En trente ans, le taux de mortalité a donc chuté de 10,7 ‰ à 8,9 ‰, un taux qui, là encore, nous place à la tête du palmarès des nations. 2,8 ‰ de baisse en trente ans, soit, toujours le même chiffre, 16 000 Françaises et Français sauvés chaque année d'une mort qui, il y a trente ans, endeuillait leurs familles.

Force est par ailleurs de constater que les causes de décès n'ont guère évolué. Il y a trente ans comme aujourd'hui, on meurt pour l'essentiel de tumeurs et de maladies cardio-vasculaires. Reste que la mort demeure encore, pour un décès sur cinq, un « choix de vie », pourrait-on dire. Ainsi, entre 25 et 44 ans, les taux de décès masculins sont deux fois plus élevés en France qu'en Angleterre. La consommation de tabac fauche 50 000 Français par an, celle d'alcool environ 30 000, le suicide 12 000 et la route plus de 7 000. Soit 100 000 décès sur 528 000 qu'on pourrait qualifier de « prématurés » et qui pourraient être en grande partie évités.

Mort d'« en bas » et mort d'« en haut »

Reste surtout que, aujourd'hui comme hier, la mort n'est pas socialement équitable, frappant plus lourdement les Français « d'en bas » que les Français « d'en haut ».

Neuf ans d'espérance de vie en plus ou en moins, tel est le prix de l'inégalité devant la mort. Un ouvrier spécialisé qui prend sa retraite à 60 ans, après avoir travaillé pendant souvent plus de quarante ans, peut espérer en jouir pendant douze ans. Un cadre de la fonction publique qui la prend au même âge après avoir cotisé trente-sept ans et demi en jouira en moyenne pendant vingt et un ans.

Seule ombre, en fait, à ces années « glorieuses », l'inégalité sociale devant la mort ne s'est pas franchement réduite depuis trente ans. À cette époque, à 35 ans, les instituteurs, qui prenaient leur retraite à 55 ans, avaient encore quarante et un ans à vivre, les manœuvres, qui la prenaient à 65 ans, n'en

TABLEAU 5

ESPÉRANCE DE VIE À 35 ANS
SUIVANT LA CATÉGORIE SOCIOPROFESSIONNELLE

Cadres de la fonction publique, professions intellectuelles et artistiques	46,0
Cadres d'entreprise	43,5
Professions libérales	44,0
Agriculteurs exploitants	43,0
Prof. intermédiaires de l'enseignement, de la santé, de la fonction publique	42,5
Techniciens	42,0
Contremaîtres, agents de maîtrise	42,5
Prof. intermédiaires administratives et commerciales des entreprises	41,0
Chefs d'entreprise	43,5
Artisans	41,5
Commerçants et assimilés	41,0
Employés du commerce	40,5
Employés de la fonction publique	40,5
Ouvriers qualifiés	38,5
Ouvriers spécialisés	37,0

avaient plus que trente-trois. Toujours en 1973, un manœuvre pouvait espérer jouir de sa retraite trois années seulement, un instituteur vingt et un ans. Répartition solidaire du système des retraites, que d'injustices commises en ton nom !

Autre façon de lire l'inégalité : le risque annuel de mortalité d'un ouvrier est de 29 % supérieur à celui d'un employé du même âge et de 65 % supérieur à celui d'un membre des professions libérales. Autre élément qui plaiderait pour un allongement de la durée du travail des hommes :

sur les vingt dernières années, les inactifs (hors retraités) ont eu un risque de décès trois à cinq fois plus important que les actifs occupés du même âge. Enfin, entre 30 et 64 ans, le risque de décès des hommes mariés est réduit de 40 % par rapport à ceux qui ne le sont pas et celui des femmes de 25 %.

Plus complexes à analyser mais aussi fort réelles, d'importantes disparités spatiales de mortalité sont observées en France. Ainsi, la Bretagne occidentale et un croissant nord de la France, allant de la Haute-Normandie à la Lorraine, prolongé par une diagonale allant de la Champagne à l'Auvergne, sont des régions connaissant des taux de mortalité nettement supérieurs à la moyenne. Paris, caractérisée par une forte espérance de vie à la naissance, est en situation de surmortalité pour les adultes âgés de 25 à 39 ans. En Alsace, la mortalité après 60 ans est supérieure à la moyenne. Dans l'agglomération parisienne, la mortalité aux âges les plus élevés est au contraire très faible. Le Nord, le Pas-de-Calais, la Haute-Normandie, la Picardie, la Champagne et les Ardennes ont des taux de mortalité infantile de 7, à 7,6 ‰ alors que la Basse-Normandie, la Bretagne et les Pays de la Loire présentent des taux de 5,4 à 5,7 ‰. Autant d'écarts à la moyenne qui pointent des situations particulières et qui sont moins liés à la prise en charge sanitaire des personnes qu'aux types de comportements régionaux.

Car, il faut le rappeler avec force, les sept ans de vie gagnés au cours des dernières « Trente Glorieuses » sont moins dus aux progrès de la médecine qu'à l'amélioration générale des conditions de vie. L'exemple du Japon est à cet égard édifiant : ce pays à la population âgée et très vieillissante (8,7 % de la population avait plus de 75 ans en 1993, contre 6,3 % en France) a l'espérance de vie la plus longue des pays de l'OCDE (Organisation de Coopération et de Développement Économiques), alors que la part du PIB consacrée aux dépenses de santé y est plus faible (7,2 % en 1995 contre 9,8 %

en France) et augmente peu (+ 0,8 point de PIB entre 1980 et 1995 contre + 2,2 points de PIB en France). En fait, selon les études les plus sérieuses, entre un et deux cinquièmes des soins ne se justifieraient pas d'un point de vue clinique. À cet égard, il est piquant d'observer que les départements où le taux de mortalité est relativement le plus élevé sont aussi ceux où la densité médicale est la plus forte et la part des médecins qui prescrivent le plus la plus élevée . À la limite, pour vivre mieux, mieux vaudrait vivre dans les régions à faible densité médicale et pharmaceutique ! Mais dans la conscience collective, nul doute que l'état de « bien-être » sanitaire semble lié au nombre de produits prescrits par le médecin. Comment expliquer autrement le fait que 70 % des veinotoniques consommés dans le monde le sont en France, alors que les études montrent que les Français ne sont pas plus sensibles que les autres aux problèmes de jambes lourdes ?

Un être humain sur cent vit en France

Au 1er janvier 2002, la population de la France métropolitaine était estimée à 59 344 000 habitants. Avec les départements d'outre-mer, la population française est de 60,7 millions d'habitants. Rapporté à l'ensemble de la population mondiale, un être humain sur cent vit donc en France, et environ un Européen sur six. En 1973, la population de la France métropolitaine était de 51 916 000. En trente ans, elle s'est donc accrue de 7 428 000 habitants, ce qui permet de retoucher largement l'idée d'une France ridée se préparant à encaisser sans réaction le choc démographique. Certes, le nombre de personnes âgées de plus de 60 ans s'alourdit d'environ 200 000 personnes par an. Mais, dans le même temps, la population de la France s'accroît en moyenne de 240 000 personnes auxquelles il faut ajouter un solde migratoire positif d'environ 60 000 personnes par an. À la limite, si la France maintenait le nombre de naissances qu'elle a enregistré en 2002, soit 775 000, elle

TABLEAU 6

NOMBRE DE PERSONNES*
QUI VONT PROBABLEMENT
ATTEINDRE L'ÂGE DE 60 ANS
DANS LES PROCHAINES ANNÉES

Personnes nées en

1944	603 223
1945	613 689
1946	806 166
1947	847 931
1948	862 861
1949	862 282
1950	872 797
1951	835 871
1952	851 838
1953	834 419

* Chiffres au 1er janvier 1999.

compenserait presque chaque année, avec un solde migratoire modeste, le passage à 60 ans de la génération du *baby boom*. Autant dire que, dans ce domaine, la France est loin d'être « piteuse ».

En longue durée, en effet, nos « Trente Glorieuses » se rangent parmi les périodes les plus fécondes de notre histoire démographique. Dans les trente dernières années, la population a autant augmenté que pendant tout le « beau » XVIIIe siècle qui a vu, pour la première fois, la France « crever » le plafond quadriséculaire qui la cantonnait à 20 millions d'habitants. En retranchant l'effet « récupération » qu'ont provoqué les années de l'immédiat après-Deuxième Guerre mondiale, on peut même se demander si elles ne sont pas aussi « glorieuses » que les années du *baby-boom* chères à Jean Fourastié.

TABLEAU 7	
ACCROISSEMENT **DE LA POPULATION TOTALE**	
1973-2002	*7 428 000*
1945-1973	10 080 000
1920-1950	2 930 000
1890-1920	530 000
1868-1890	740 000
1830-1860	450 000
1800-1830	3 674 000
1700-1800	7 500 000

Certes, dans les années qui ont suivi le « krach » pétrolier, le nombre des naissances a baissé, mais on peut paradoxalement s'en féliciter. Le développement des moyens de contraception, qui permettent d'éviter les naissances non désirées, et l'allongement de la durée des études sont les facteurs essentiels qui expliquent cette évolution. Surtout, la France est devenue en 2000 le pays d'Europe qui a mis au monde le plus de bébés, devant l'Allemagne, le Royaume-Uni et l'Italie.

TABLEAU 8	
NOMBRE DE NAISSANCES VIVANTES **EN 2000** *(en milliers)*	
France	778
Allemagne	754
Royaume-Uni	679
Italie	543
Espagne	386

En fait, les femmes nées dans les années 1950 et qui ont atteint l'âge de la maternité au début des années présumées « piteuses » ont une fécondité comparable à celle de leurs mères, sauf qu'elles ont, en moyenne, leur premier enfant à 28 ans. Au total toutefois, elles auront eu plus de deux enfants dans leur période de fécondité, soit presque autant qu'à l'époque du *baby-boom*. Certes, les femmes nées en 1965 ont, à 35 ans, 1,8 enfant en moyenne, alors que, au même âge, les femmes nées en 1950 en avaient déjà deux, mais cet écart peut être comblé si ces mêmes femmes ont plus d'enfants aux âges plus élevés, ce qui est le cas. Les femmes nées en 1960 n'avaient que 1,9 enfant à 35 ans, mais elles ont ensuite rattrapé leur retard : à 40 ans, elles ont 2,1 enfants en moyenne, soit autant que la génération des années 1950 au même âge.

Surtout, le nombre de femmes sans enfant diminue. Parmi les femmes nées en 1930, 13 % n'avaient pas eu d'enfants. Parmi celles nées en 1950 et qui ont eu 50 ans en 2000, seule une femme sur dix est restée sans enfant. Une proportion extrêmement faible dans la mesure où 5 % d'entre elles n'ont jamais vécu en couple et que 4 % n'ont pu avoir d'enfant pour des raisons de stérilité physiologique. Mieux encore, lorsqu'on cherche à savoir si le remplacement des générations est assuré, il faut avant tout savoir quel est le taux de mortalité des femmes susceptibles de mettre des enfants au monde. Ainsi, 38 % des filles nées en 1900 n'ont pas atteint l'âge de 28 ans, ce qui n'est le cas que de 4 % de celles nées en 1960. On mesure alors que les femmes nées vers 1950 ont eu une descendance finale analogue à celles des femmes nées vers 1900 (2,1 enfants par femme). Mais le nombre moyen d'enfants que les femmes nées en 1950 ont réellement mis au monde, compte tenu de leur mortalité, est sensiblement plus élevé que pour celles nées en 1900 (2 enfants par femme au lieu de 1,5). Autant de statistiques la plupart du temps méconnues ou incomprises qui devraient susciter notre optimisme alors que l'humeur du temps nous incline au pessimisme et nous considère « piteux » là où nous sommes finalement « glorieux ».

À tel point que, à l'aune de l'indicateur conjoncturel de fécondité, qui mesure le nombre d'enfants qu'aura une femme tout au long de sa vie, la France occupe à égalité avec l'Irlande la première place en Europe occidentale et voit son avenir moins compromis que celui de ses principaux voisins. Selon le moins optimiste des scénarios, la France compterait un peu moins de 64 millions d'habitants en 2030, et l'espérance de vie moyenne des hommes à la naissance serait de 81 ans et celle des femmes de 88 ans. Cinq ans de vie encore gagnés dans les trente prochaines années.

TABLEAU 9
INDICATEUR CONJONCTUREL DE FÉCONDITÉ EN EUROPE OCCIDENTALE EN 2000 *(nombre moyen d'enfants par femme)*

Allemagne	1,36
Autriche	1,34
Belgique	1,66
Danemark	1,77
Espagne	1,24
Finlande	1,73
France	*1,88*
Grèce	1,29
Irlande	1,89
Italie	1,23
Luxembourg	1,79
Pays-Bas	1,72
Portugal	1,50
Royaume-Uni	1,65
Suède	1,54
Norvège	1,85
Suisse	1,50

La deuxième vie des « vieillards »

À la veille de faire voter la loi du 22 juin 1889 qui assurait pour la première fois en Europe une retraite aux travailleurs allemands, le chancelier Bismarck aurait demandé à son conseiller à quel âge il fallait fixer l'âge de la retraite pour n'avoir jamais à la verser. À 65 ans, aurait-il été répondu à celui qui en avait 70. Mieux qu'une boutade, cette anecdote illustre en fait la réalité et les mythes du vieillissement. Des statistiques officielles aux représentations culturelles, les Français ont choisi l'âge de 60 ans comme seuil de la catégorie « vieillards » sans que l'on puisse mentionner les causes d'un tel succès. « Sans doute, observe Patrice Bourdelais, cet âge multiple de dix constitue l'une des scansions traditionnelles du calendrier des âges de la vie depuis l'Antiquité… Il est probable que tous les philosophes ou hommes de lettres qui s'expriment sur la vieillesse au XVIIIᵉ siècle avaient lu les ouvrages de Cicéron qui proposent comme seuil de la vieillesse l'âge de 60 ans, et qu'ils reprennent simplement ce choix à leur propre compte[1]. »

Reste que cet âge a bien été retenu comme norme et qu'il s'est imposé comme une évidence. En 1788, le « Projet d'établissement d'une caisse de bienfaisance dont l'objet serait d'assurer aux vieillards et aux veuves des secours contre l'indigence », proposé par Lavoisier, retenait 60 ans comme âge à partir duquel les secours seraient versés aux épargnants. Désormais, dans toutes les statistiques françaises jusqu'en 1946, la catégorie des 60 ans et plus sera dite celle des « vieillards ». Il restait en 1928 à Alfred Sauvy à inventer la notion de « vieillissement » et à prédire que les malheurs de la France trouvaient leur cause essentielle dans l'accroissement de la part des « vieillards » dans la population. Il restait au combat syndical à fixer *ne varietur* l'âge ultime de la

---

1. Patrice Bourdelais, *L'Âge de la vieillesse. Histoire du vieillissement de la population*, Odile Jacob, 1994, p. 84.

retraite à 60 ans comme si ce seuil constituait, ainsi qu'autrefois, l'antichambre de la mort. Cela explique sans doute l'absence de prise de conscience de nos années « glorieuses » dans la population. Car si ce seuil convenait sans doute à l'époque de Bismarck et de Sauvy, il faut rappeler avec force que, tandis que le seuil ne bouge pas, tout le reste a changé, l'état de santé des sexagénaires, leur place dans la succession des générations, leurs ressources économiques et leur genre de vie.

Les dossiers hospitaliers de décès de sujets âgés pour lesquels la meilleure explication de la mort paraissait être, à la fin des années 1970 encore, le « grand âge » concernent en général des personnes de plus de 80 ans ! Les résultats des études consacrées à la santé des personnes âgées prouvent clairement que la « détérioration mentale » n'est vraiment fréquente qu'au-delà de 85 ans. Avant 75 ans, on ne recense que 1 % d'hospitalisations de long séjour. Si l'on suit ces différents indicateurs de l'évolution de santé des « vieillards », on peut estimer qu'on devient aujourd'hui un « vieillard » à 70, ou mieux, à 75 ans. Autant dire que, en dissociant l'âge civil de la vieillesse et l'âge physique, c'est toute l'ombre du vieillissement inéluctable de nos sociétés qui s'efface. C'est en même temps tout le débat sur l'âge souhaitable de la retraite qu'il faudrait activer. C'est surtout la leçon des pourcentages qu'il faudrait réviser. En 2000, les moins de 20 ans représentaient 25,6 % de la population française contre 33,1 % en 1960. Triste déclin de la jeunesse ? C'est oublier que 25,6 % de 58,9 millions d'habitants font aujourd'hui 15,14 millions de jeunes et que 33,1 % de 46,5 millions d'habitants en faisaient hier 15,3 millions. En fait, il y a autant de jeunes Français aujourd'hui qu'à l'époque du baby-boom. Seule l'évolution des pourcentages fait croire qu'il y en a moins. À l'opposé, les « vieillards » qu'on peut aujourd'hui définir comme les personnes de plus de 75 ans étaient 2,8 millions en 1973. Ils sont 4,5 millions aujourd'hui, soit 7,7 % de la population contre 5,5 % il y a trente ans. Telle est la mesure la plus juste du vieillissement. Elle est loin d'être catastrophique. Elle exige surtout que les Français prennent conscience qu'ils ont changé d'époque.

« Passe ta licence d'abord »

Et ils en ont largement les moyens intellectuels. En 2001, 499 228 jeunes Françaises et Français ont obtenu un baccalauréat, soit 66 % de la génération née dix-huit ans plus tôt. En 1973, au terme des « Trente Glorieuses », ils étaient seulement 191 239, soit 22,5 % de la génération née en 1955. Deux jeunes sur trois obtiennent aujourd'hui le premier grade de l'Université créé par Napoléon en 1808, un grade qui, au lendemain de la Deuxième Guerre mondiale, était toujours considéré comme le passeport pour l'élite. Certes, on peut penser, avec tous les grincheux, que « le niveau baisse » et qu'un bachelier d'aujourd'hui a sur bien des points un niveau inférieur à celui qu'il avait il y a trente ans, et encore plus à celui qu'il avait en... 1808. Reste qu'il en va de la démocratisation de l'enseignement comme de l'accès à l'automobile, à l'ordinateur ou au téléphone portable. Même si la scolarisation de masse s'est faite au détriment d'une certaine « qualité », chacun ou presque possède aujourd'hui ce Smic, ce « savoir minimum culturel » qui lui permet, pour le moins, de comprendre le langage d'un ordinateur, ce qui est toujours loin d'être évident pour la génération des années « glorieuses ».

« Passe ton bac d'abord ! » Cette exigence parentale qui marquait autrefois la frontière entre l'avant-garde de la bourgeoisie et les bataillons du peuple est devenue en une trentaine d'années un rite de passage symbolique plus qu'un passeport pour l'élite. Même si cette « peau d'âne » si prisée reste toujours le « sacrement républicain » par excellence et le certificat d'espoir d'une ascension sociale ardemment désirée, le « bac », diminutif affectueux attesté vers 1880, est devenu une barrière dérisoire qui marque plutôt du sceau de l'exclusion les quelques jeunes filles et jeunes gens qui n'ont pas la chance ou le faible talent de le décrocher. Ainsi, en 2001, 70 % des jeunes générations ont atteint le niveau du baccalauréat contre 20 % seulement en 1970. Bientôt, le « bac » rejoindra ce qu'est devenu le brevet, une formalité de masse dont seuls quelques démunis ou étourdis se verront écartés.

En quelques années, en effet, la forte hausse de la scolarisation s'est traduite par une poussée générale vers le haut, sans que la nation en prenne réellement conscience. Aujourd'hui, on compte en France environ 14 millions de jeunes scolarisés, des écoles maternelles aux établissements d'enseignement supérieur. Il y a trente ans, on en comptait 12, 8 millions. Cette hausse modeste de 8 % masque toutefois des évolutions considérables qui font de la France d'aujourd'hui une France qui ne ressemble plus guère à celle d'hier.

TABLEAU 10

ÉVOLUTION DES EFFECTIFS SCOLAIRES
ET UNIVERSITAIRES

	1970-1971	2002-2003
Premier degré	7 360	6 529
Second degré	4 654	5 596
Enseignement supérieur	850	2 209

En 1977, 28 % des jeunes sortaient du système éducatif sans aucun diplôme, 11 % n'avaient obtenu que le brevet, 30 % avaient un CAP ou un Brevet professionnel, et 11 % s'arrêtaient avec le bac. Aujourd'hui, c'est la quasi-totalité d'une génération (97 %) qui atteint le niveau de la troisième. Surtout, 38 % décrochent aujourd'hui un diplôme de l'enseignement supérieur contre 9 % en 1973. Autre manière de dire les choses : à peine un jeune sur dix atteignait le niveau de la licence à la veille du premier choc pétrolier, ils sont aujourd'hui près de quatre sur dix. À force de répéter que la France avait développé un enseignement secondaire de masse, on a oublié de dire qu'elle s'orientait en même temps vers un enseignement supérieur de masse.

TABLEAU 11			
POURCENTAGE DE LA POPULATION AYANT UNE FORMATION DE DEUXIÈME CYCLE DU SECONDAIRE EN 2001			
		25-34 ans	55-64 ans
Allemagne	Hommes	87	85
	Femmes	84	67
États-Unis	Hommes	87	83
	Femmes	89	82
France	*Hommes*	*78*	*52*
	Femmes	*78*	*40*
Italie	Hommes	55	26
	Femmes	60	18
Japon	Hommes	92	65
	Femmes	95	61
Royaume-Uni	Hommes	70	63
	Femmes	65	42
Suisse	Hommes	93	87
	Femmes	91	75
Moyenne des pays	*Hommes*	*73*	*54*
	Femmes	*74*	*43*

Ces progrès ont transformé en profondeur le niveau moyen d'études de la population française et lui ont permis de rattraper en partie le retard qu'elle avait sur les autres pays développés, un retard dont on n'appréciait pas en fait l'ampleur.

On mesure, à la lecture du tableau 11, le retard qu'avait pris la France au lendemain de la Seconde Guerre mondiale et pendant les premières « Trente Glorieuses ». De la génération née entre 1937 et 1946, seuls 52 % des hommes et 40 % des femmes ont obtenu au moins une formation de deuxième cycle du secondaire, soit 30 % de moins en moyenne que l'Allemagne, la Suisse et les États-Unis. De la génération née à l'aube des « nouvelles Trente Glorieuses », entre 1967 et 1976, 78 % des hommes et des femmes sont désormais dans ce cas. Sur les sept ans de vie que les Français ont gagnés depuis 1973, ils en ont en moyenne consacré quatre à améliorer leur quotient intellectuel.

Un progrès qui dessine toutefois, on aura de nombreuses occasions de le démontrer, une frontière entre deux France, celle qui en tire les conséquences et qui mesure l'urgence d'adapter nos institutions et nos comportements au nouveau calendrier de la vie, et celle qui proteste et qui geint, estimant, comme il y a un demi-siècle, que la vieillesse commence à 60 ans.

2

Une fois et demie plus « riches »

En 1977, Jean Fourastié publiait *Pouvoir d'achat, prix et salaires*, un livre de « bon sens » dans lequel il expliquait à quel point le pouvoir d'achat des salaires s'était accru au temps des « Trente Glorieuses ». Le 29 juillet 1981, une personne de bonne volonté et manifestement capable de comprendre un tant soit peu les chiffres lui écrivait cette lettre : « Votre livre n'analyse les prix que jusqu'en 1974, avant le second choc pétrolier. Comptez-vous le remettre à jour ? Ce serait intéressant d'avoir maintenant, après les chocs, les nouveaux calculs de pouvoir d'achat. J'imagine que le pouvoir d'achat diminuerait pour toutes les catégories... ou est-ce seulement une impression ? » Le 23 septembre 1981, la même lectrice, délicieusement tenace, faisait le constat suivant : « J'ai voulu en avoir le cœur net, et, avec un petit carnet, je me suis promenée dans les magasins et j'ai relevé les prix : ce n'est pas toujours facile, il y a des qualités différentes et des prix différents selon les magasins. J'ai ensuite calculé les prix réels. Vous aviez raison, le pouvoir d'achat a augmenté, sauf pour l'or – valeur refuge – et le pain (et encore, pour le pain, mon calcul est plutôt bas : nous avons du pain de trois livres, moins cher au kilo que le pain de deux livres et la baguette). Il faut travailler moins longtemps en septembre 1981 pour acquérir tous les autres produits de la liste... J'ai décidé maintenant de refaire le même travail tous les ans pour étudier moi-même l'évolution du coût de la vie et faire partager mes conclusions[1]. »

Bel exemple d'honnêteté intellectuelle et de démarche « scientifique » qui sont loin d'être communément partagées. En effet, il semble toujours aussi difficile d'admettre que, entre 1973 et nos jours, le pouvoir d'achat des Français a autant augmenté qu'entre 1950 et 1973 ! Mesuré en dollars constants de 1990 par Angus Maddison, qui a mis une énergie colossale à mesurer par le menu la croissance mondiale depuis des siècles, le PIB par habitant est passé en France de 5 270 dollars en 1950 à 13 123 dollars en 1973, une hausse de 7 853 dollars inférieure à la hausse qui s'est produite au temps de la « crise ». Entre 1973 et 2001, le PIB est en effet passé de 13 123 dollars à 21 092 dollars[2], soit une hausse de 7 969 dollars. C'est bien au cours de nos « trente piteuses » qu'historiquement le pouvoir d'achat des Français a le plus augmenté, plus qu'au cours de n'importe quelle période de l'histoire ! L'évolution du salaire net annuel moyen ne dit pas autre chose. En francs constants d'aujourd'hui, il est passé de 92 000 francs (14 000 euros) en 1970 à près de 140 000 francs (21 400 euros) en 2003. Il faut s'en persuader et le répéter haut et fort : les Français d'aujourd'hui sont environ, à situation égale, une fois et demie plus riches que les Français qui vivaient à l'apogée des « Trente Glorieuses ».

Devenir riche à crédit

En 1973, un an après leur mariage, Jean-Paul et Nadine gagnaient ensemble 36 000 francs par an, soit 3 000 francs nets par mois. Nicole gagnait 1 200 francs et Jacques 1 800 francs.

---

1. Jean Fourastié, Béatrice Bazil, *Pourquoi les prix baissent*, Hachette, Pluriel, 1984.
2. Angus Maddison, *L'Économie mondiale : statistiques historiques*, OCDE, 2003.

Un revenu qui leur assurait une modeste aisance. Certes, ils ne pouvaient pas faire de « folies » et enviaient leur voisin ingénieur qui, à lui seul, gagnait plus de 5 500 francs par mois. Mais, à leur âge et avec l'esprit d'économie qui les animait, ils avaient la propriété en ligne de mire et l'achat de leur première voiture en ambition immédiate. Cette voiture, Renault l'avait faite pour eux. Lancée en 1972, la R5 avait été conçue pour séduire la femme. Avec ses deux portes, elle permettrait d'emmener en toute sécurité les enfants à l'école. Avec son hayon facile à lever, elle offrait un coffre commode pour entasser les courses du supermarché. Avec ses boucliers en matière synthétique, elle était en harmonie avec l'esthétique féminine et atténuait la portée des petits chocs. Cette première voiture, Jean-Paul et Nadine l'avaient payée 17 900 francs, soit près de six mois de salaire, et devant le succès remporté par la Régie, ils avaient dû attendre dix-sept semaines pour en prendre possession.

Certes, le prêt personnel qu'ils avaient obtenu au taux de 17,40 % était lourd, mais comme leurs revenus avaient aug-

---

TABLEAU 12

CONSOMMATION MENSUELLE MOYENNE PAR MÉNAGE EN 1972
(en francs)

Produits alimentaires	693
Repas et consommations pris à l'extérieur	91
Habillement	208
Habitation	367
Hygiène et soins personnels	183
Transports et télécommunications	285
Culture et loisirs	129
Divers	202
Total par mois	2 158

---

menté de près de 50 % entre le 1er janvier 1969 et le 1er janvier 1973, ils n'étaient guère inquiets devant la charge du crédit. Pour eux comme pour des millions de Français, l'inflation était « créatrice ». Elle apparaissait comme le coût à payer pour inciter les consommateurs à la fête, les détourner des contraintes du quotidien et les faire appartenir à cette « classe moyenne » à laquelle de plus en plus de Français déclaraient appartenir. En 1973, Jean-Paul et Nadine consacraient aux dépenses alimentaires 34,3 % de leurs revenus, soit un peu plus de 1 000 francs par mois. Le loyer de l'appartement qu'ils louaient dans la banlieue de Paris était de 525 francs, et les dépenses d'habillement ne dépassaient guère 300 francs par mois. L'impôt direct absorbait 2 100 francs, soit 6 % de leurs revenus.

À cette date se mesuraient déjà les sensibilités alimentaires qui distinguent les différentes couches sociales. Pain et féculents étaient jugés « essentiels » par 34 % des ouvriers

TABLEAU 13

CONSOMMATION ALIMENTAIRE ANNUELLE EN FRANCS PAR PERSONNE SELON LA CATÉGORIE PROFESSIONNELLE DU CHEF DE MÉNAGE (1972)

	Agriculteur exploitant	Cadre supérieur	Employé	Ouvrier qualifié
Pain ordinaire	167,3	87,5	111,4	124,3
Autre pain	1,3	10,5	4,2	5,6
Vin ordinaire	162,7	63,4	72,0	73,2
Autre vin	22,8	110,8	65,7	62,3
Pommes de terre	40,8	27,2	33,7	41,5
Légumes secs	8,0	2,9	5,8	6,7
Raisins de table	6,3	17,9	10,4	6,1
Plats préparés	5,5	38,8	28,3	22,8

spécialisés et des manœuvres alors qu'ils ne l'étaient plus que par 20 % des cadres supérieurs. C'est exactement l'inverse pour les fruits et les laitages. Là où un agriculteur exploitant consacrait 162 francs par an à l'achat du vin ordinaire, un cadre supérieur n'y consentait que 63 francs. Mais c'est 18 francs par an qu'il dédiait au raisin de table, alors que l'agriculteur exploitant ne lui attribuait que 6 francs.

Plus significatif surtout, Jean-Paul et Nadine hésitaient à avoir le téléphone. Issus du monde ouvrier, ils restaient réticents à l'acquisition de cet instrument de communication qu'ils considéraient comme un jouet superflu. C'est moins le prix de l'objet qui les effrayait que la volonté de ne pas être dérangé « chez soi ».

TABLEAU 14

TAUX D'ÉQUIPEMENT DES MÉNAGES
EN BIENS DURABLES SELON LA CATÉGORIE
SOCIO-PROFESSIONNELLE DU CHEF DE MÉNAGE (1976)

	Agriculteur exploitant	Cadre supérieur	Employé	Ouvrier qualifié
Automobile	82,3 %	92 ,4 %	75,5 %	75,1 %
Téléviseur	83,2 %	87,5 %	88,0 %	90,3 %
Réfrigérateur	91,8 %	94,7 %	93,7 %	92,4 %
Lave-linge	77,9 %	89,0 %	76,5 %	80,9 %
Lave-vaisselle	10,1 %	38,6 %	88,8 %	4,9 %
Téléphone	38,9 %	80,6 %	37,7 %	18,4 %

En 1981, notre couple de *baby-boomers* réalise enfin son rêve en achetant à Sainte-Geneviève-des-Bois – une ville communiste de la banlieue sud de Paris, célèbre pour avoir été en 1963 le lieu où s'est implanté Carrefour, le premier hyper-marché de France –, une maison de 80 mètres carrés au sol, disposant d'un étage, achetée pour 600 000 francs. Comme un ménage sur deux, ils sont désormais « propriétaires », alors que, à l'époque où ils sont nés, seuls 30 % des Français l'étaient. Certes, le coût du crédit est élevé, plus de 4 500 francs par mois alors qu'à cette date ils gagnent désormais ensemble par mois un peu moins de 13 000 francs nets, mais dans vingt ans ils seront « chez eux », dans leurs meubles.

En 2003, Jean-Paul est agent administratif dans une entreprise de matériel informatique. À 55 ans, il attend avec impatience l'âge de la retraite et a participé aux manifestations organisées par FO, le syndicat auquel il appartient. Il gagne environ 14 000 francs nets par mois[1]. Nadine, qui n'a guère progressé, gagne environ 12 000 francs nets par mois. À eux deux, ils gagnent par an, avant impôts, 312 000 francs (47 000 euros), soit presque le double de ce qu'ils gagnaient il y a trente ans (165 000 francs d'aujourd'hui en 1973 ou 25 000 euros). Leur fils aîné, qui va fêter ses trente ans, est marié, père de deux petites filles. Il est agent commercial dans une entreprise de la grande distribution. Leur deuxième enfant, une fille, qui a vingt-sept ans, est toujours célibataire. Elle est employée dans une compagnie d'assurances. Séverine, qui vit chez ses parents, termine sa licence de sciences économiques et sociales. Elle ne sait pas encore bien ce qu'elle veut faire, travailler dans la banque ou être fonctionnaire.

La famille, qui ne se prive pas, dépense pour la nourriture 4 000 francs par mois, soit moitié moins qu'à leur mariage. Les dépenses de vêtements s'élèvent à 1 000 francs, soit 3,8 % des dépenses, deux fois moins qu'il y a trente ans. Les dépenses de transport sont presque aussi importantes que les dépenses de nourriture, 3 300 francs par mois. Hygiène et beauté absorbent 320 francs, les dépenses de santé 1 500 francs, les sorties, les loisirs et la culture 1 600 francs,

---

1. Pour mieux assurer les comparaisons entre 1973 et nos jours, nous avons choisi de garder les francs comme unité de compte.

les dépenses diverses 2 000 francs dont 800 francs pour les cadeaux et 500 francs d'argent de poche pour Séverine. L'impôt sur le revenu s'élève à 14 000 francs par an et les impôts locaux à 2 700 francs. Le plus gros poste de dépenses était jusque-là constitué par l'habitation qui, avec le crédit, l'impôt foncier, l'entretien, le chauffage, l'eau, l'assurance et l'électricité, couvraient 10 000 francs par mois, près de 40 % des recettes du ménage. Mais comme le crédit vient d'arriver à son terme, Jean-Paul et Nadine vont « récupérer » 4 500 francs par mois, soit plus que la somme qu'ils consacrent à la nourriture !

Ils peuvent envisager l'avenir avec sérénité. Propriétaires d'une maison aujourd'hui estimée à 1 300 000 francs et qu'ils n'ont plus à payer, ils savent que leur retraite est assurée. Ils sont pourtant moroses, ayant le sentiment, comme plus de 30 % des Français, que le niveau de vie est inférieur à ce qu'il était autrefois et, comme 51 %, qu'il vaut mieux faire confiance à l'État qu'aux entreprises pour assurer la croissance. Une fois et demie plus « riches » qu'il y a trente ans, ils sont pourtant persuadés qu'ils ont du mal à joindre les deux bouts et que les inégalités se sont accrues.

50 % valent plus que 100 %

Comment réconcilier les faits avec la perception qu'en ont les Français ? Tel est le défi auquel ont dû se confronter, en vain, tous ceux qui ont tenté de leur expliquer qu'on vivait beaucoup mieux aujourd'hui qu'hier et aussi bien ici qu'ailleurs. Mais, comme l'écrivait Charles de Gaulle, « le désir du privilège et le goût de l'égalité, passions dominantes et contradictoires des Français de toute époque, trouvent là matière à d'inépuisables discussions ».

Essayons toutefois.

En ce qui concerne le Smic (Salaire minimum de croissance), institué en 1972, son niveau mensuel est passé de

950 francs bruts en 1973 à 7 571 francs aujourd'hui. En monnaie constante, c'est-à-dire en pouvoir d'achat réel, il est passé de 684 euros en 1973 à 1 154 euros en 2002, une hausse de 68,7 %, sensiblement supérieure à celle du salaire moyen.

Entre 1949[1] et 1973, il avait augmenté de près de 96 %, passant de 350 euros (valeur 2002) à 684. Dans son porte-monnaie, toutefois, pour une durée de travail qui, par ailleurs, a diminué, le smicard d'aujourd'hui a 470 euros de plus par mois qu'il y a trente ans alors que celui de 1973 n'en avait que 334 de plus que celui qui vivait en 1949. Anesthésiés par les pourcentages de croissance et ignorants des valeurs réelles, nous avons fini par oublier cette règle simple : plus les volumes augmentent, plus les taux baissent. Aujourd'hui, un taux de croissance de 2 % du Smic crée plus de pouvoir d'achat (23 euros par mois) qu'un taux de croissance de 6 % en 1949 (21 euros par mois). Lorsqu'on gagne 1 200 euros par mois, mieux vaut voir son pouvoir d'achat augmenter de 50 % (soit 600 euros) que de le voir augmenter de 100 % quand on gagne 400 euros (soit 400 euros).

C'est en vertu de cette règle mathématique élémentaire que les « trente piteuses » ont été plus « glorieuses » qu'on le pense et que l'écart entre la France et les pays les plus performants de l'Asie n'en finit pas de s'accroître alors qu'on nous répète à l'envi que notre taux de croissance s'essouffle comparé à celui des nouveaux dragons. Qu'on en juge : entre 1973 et 2001, le PIB par habitant de la Chine a fait un bond spectaculaire, passant de 839 dollars (valeur 1990) à 3 583 dollars, une hausse de plus de 320 % en 30 ans. Dans le même temps, le PIB par habitant de la France est passé de 13 123 à 21 092 dollars, une hausse « misérable » d'un peu plus de 60 % en 30 ans. Dans le même temps cependant, le PIB par habitant de la France s'est accru de 7 969 dollars alors que celui du Chinois rugissant ne s'élevait que de 2 744 dollars. En 1973, l'écart de niveau de vie

1. Le Smig (Salaire minimum interprofessionnel garanti) ayant été créé en 1950, nous avons pris le salaire mensuel moyen du manœuvre célibataire en 1949, qui était de 13 702 francs.

entre le Chinois et le Français moyen était de 12 284 dollars. Il est aujourd'hui de 17 509 dollars ! Question : quel devra être le taux de croissance de la Chine pour "rattraper" le niveau de vie du Français moyen, même avec un taux de croissance de 2 % du PIB français ?

Autant de statistiques simples qui amènent à qualifier de réellement « glorieuses » les trente années qui se sont écoulées depuis le choc pétrolier de 1973, plus « glorieuses » en termes de niveau de vie que les années chères à Jean Fourastié.

Le jardin du voisin

Surtout, contrairement à une idée trop largement répandue, les inégalités entre les catégories extrêmes se sont en même temps réduites. En 1970, les 10 % des ménages les plus aisés percevaient 4,8 fois plus que les 10 % des ménages les plus défavorisés. Aujourd'hui, cet écart a été réduit à 3,3.

TABLEAU 15

RÉPARTITION DU NIVEAU DE VIE SELON LES DÉCILES
(en euros constants de 1999)

	1970	1979	1990	1999
Limite supérieure du premier décile	290	470	550	610
Limite supérieure du dixième décile	1 380	1 770	1 870	2 030
Rapport inter-décile	4,8	3,8	3,4	3,3

Comment lire le tableau : *le premier décile regroupe les 10 % des ménages les plus pauvres de la population. À l'extrême inverse, le dixième décile regroupe les 10 % des ménages les plus aisés.*

Enrichissement général et réduction sensible des inégalités, tel est le bilan surprenant des années de « crise ».

Tandis que les cadres supérieurs perdaient de leur avance, les ménages les plus pauvres voyaient leurs revenus s'accroître plus rapidement que la moyenne. Ce resserrement des inégalités s'est surtout opéré au profit des ménages de retraités dont les revenus ont fortement progressé tout au long de la période (+ 4,8 % par an entre 1970 et 1999). En 1970, un retraité sur quatre était considéré pauvre, contre un sur vingt-cinq aujourd'hui. Ce sont aussi les fonctionnaires qui ont profité de ces belles années de « crise. » Depuis 1992, leurs salaires nets annuels sont en moyenne supérieurs à ceux du privé, surtout pour les employés.

TABLEAU 16

SALAIRES ANNUELS NETS DE PRÉLÈVEMENTS EN 2000
(euros)

	Privé	Public
Moyenne d'ensemble	*20 440*	*23 323*
dont		
Cadres	39 360	28 849
Professions intermédiaires	21 190	20 076
Employés	14 850	17 072
Ouvriers	14 960	14 631

Ce sont enfin les écarts entre hommes et femmes qui se sont atténués. En 1973, une femme cadre supérieur percevait un salaire net annuel moyen inférieur de 37 % à celui d'un homme. Aujourd'hui, cet écart n'est plus que de 24,4 %. En 1973, une ouvrière percevait un salaire net annuel moyen inférieur de 29,3 % à celui d'un ouvrier. Aujourd'hui, l'écart n'est plus que de 18,5 %. En moyenne générale, l'écart s'est réduit de 34 % à 21 % : autre inégalité historique qui se réduit de manière significative, même si cet écart reste toujours difficilement admissible.

		TABLEAU 17				
		ÉCARTS DE SALAIRES ANNUELS NETS MOYENS				
		(en francs courants)				
	1973			1999		
	Hommes	Femmes	Écart (en %)	Hommes	Femmes	Écart (en %)
Cadres	73 933	46 574	37	266 400	201 480	24,4
Employés	22 326	17 060	23,5	104 760	94 440	9,9
Ouvriers	18 555	13 115	29,3	99 360	81 000	18,5

<u>Écart</u> : *Salaires des hommes – salaires des femmes/salaires des hommes.*

Autant dire que ceux qui affirment, en étant la plupart du temps crus, que la France est l'un des pays les plus inégalitaires du monde développé, se trompent totalement. Toutes les études convergent pour démontrer que les inégalités de revenus se sont sensiblement réduites depuis trente ans. Aucun signe de décrochement prononcé et durable, ni en bas, ni en haut de l'échelle des revenus disponibles. En dépit d'un environnement économique pour le moins heurté et de la percée d'une économie de marché de plus en plus mondialisée, la France d'aujourd'hui est sensiblement moins inégalitaire que celle des « Trente Glorieuses » et beaucoup moins encore que celle des années 1930. L'âge d'or est bien le nôtre.

Et puisqu'il faut en la matière marteler les faits, alignons les statistiques produites par les membres du Conseil d'analyse économique dans leur rapport de 1997 au Premier ministre. Entre 1966 et 1976, le rapport entre les revenus des 10 % de salariés à temps complet du secteur privé et semi-public les mieux payés et ceux des 10 % les moins payés a chuté de 4,2 à 3,4 pour se stabiliser par la suite. Depuis la fin des années 1970 jusqu'à nos jours, il fluctue légèrement autour d'une valeur 3. À faire du mauvais esprit, on pourrait même constater que l'écart des revenus s'est plutôt réduit sous les présidences de Georges Pompidou et de Valéry Giscard d'Estaing et qu'il s'est plutôt accentué sous les présidences de François Mitterrand…

Par ailleurs, une étude communautaire menée en 2000 sur le panel européen des ménages permet de comparer la situation française à celle de ses partenaires européens. En 1996, avec un taux de bas salaires de 13 %, la France se situait dans une position intermédiaire au sein de l'Europe (15 %). La proportion de « bas salaires » atteignait 21 % au Royaume-Uni, 18 % en Irlande et 17 % en Allemagne. En revanche, elle était plus basse au Portugal (6 %) et au Danemark (7 %).

Du côté des hauts salaires, c'est le même constat : même si l'éventail a eu tendance à s'ouvrir au cours des années Mitterrand, sur la période, la tendance est à la stabilité alors que, aux États-Unis et au Royaume-Uni, le décile le plus aisé a considérablement augmenté l'écart avec la médiane des revenus. En longue durée, le constat est encore plus symbolique : la part du décile supérieur dans le revenu total est passée d'environ 45 % à la veille de la Première Guerre mondiale à environ 33 % aujourd'hui. Autrement dit, le revenu moyen des 10 % de foyers les mieux lotis était de l'ordre de 4,5 fois plus élevé que le revenu moyen de l'ensemble de la population au début du siècle. Cet écart est « seulement » de 3,2-3,3 un siècle plus tard. La part des « 200 familles » était, quant à elle, de 3 % du revenu total en 1900-1910. Elle n'est plus aujourd'hui que de 0,55 %. De la même manière, la part des 5 % de salariés les mieux payés dans la masse salariale totale est passée de 14 % en 1919 à 20 % en 1960. Elle a chuté à 17 % en 1980 et se maintient à ce niveau depuis cette date. La part des 1 % de salariés les mieux payés, après avoir culminé à 8 % à la fin des années 1960, chute à 5,5 % en 1980, niveau auquel elle reste aujourd'hui. Mieux, les 0,01 % de foyers les plus aisés – les fameuses « 200 familles » – disposaient à la veille de la Première Guerre mondiale de revenus de l'ordre de 300 fois plus élevés que la moyenne des revenus alors qu'ils ne sont plus « que » 50-60 fois plus riches que la moyenne aujourd'hui. Pour les revenus les plus extrêmes, l'écart est passé de 1 pour 490 à 1 pour 73, et cela avant impôts. Reste que, en moyenne durée, l'éventail s'est stabilisé depuis les années 1980, comme si les années Mitterrand avaient eu pour principale mission de sauvegarder la part des plus « riches ».

TABLEAU 18		
REVENU MOYEN *(en francs de 1998)*		
	1900-1910	1990-1998
Revenu moyen des 10 % des foyers les plus modestes	17 629	97 198
Revenu moyen des 0,01% de foyers ayant les revenus les plus élevés	8 654 234	7 154 769
Rapport	1/490	1/73

Rien de comparable toutefois avec les États-Unis où, depuis 1973, on assiste à un accroissement spectaculaire des inégalités. À cette date, la part du centile supérieur dans le revenu total y était du même ordre qu'en France, environ 7-8 %. Aujourd'hui, outre-Atlantique, elle a pratiquement atteint 15 %, soit un niveau proche de ceux observés au début du XXe siècle alors qu'elle a légèrement baissé en France.

À cet égard, on pourrait presque se demander si la France ne souffre pas d'un trop-plein d'égalité. Aux États-Unis, en effet, la dynamique inégalitaire s'est aussi traduite par une croissance globale plus forte et par une amélioration sensible du PIB moyen par habitant. En 1973, l'écart entre la France et les États-Unis n'était que de 3 566 dollars. Il est en 2001 de 6 856 dollars. Tout s'est passé comme si la réduction des inégalités en France s'était traduite par un enrichissement moindre du Français moyen. Difficile toutefois d'expliquer à un Français qu'il vaut mieux être plus riche dans un monde inégalitaire que plus pauvre dans un pays égalitaire ! Reste que, en trente ans, le revenu moyen par habitant a augmenté de 60 % en France et de 67 % aux États-Unis. Deux voies s'opposent : la voie américaine qui est de combattre la pauvreté en encourageant la richesse, la voie française qui est de pénaliser les riches pour tenter de soulager les pauvres. Deux modèles qui s'ancrent dans l'histoire et qu'il est probablement utopique de vouloir corriger.

TABLEAU 19

PIB PAR HABITANT EN FRANCE
ET AUX ÉTATS-UNIS DE 1973 À 1998
(en dollars 1990)

	1973	1980	1985	1990	1995	2001
France	*13 123*	*15 103*	*15 869*	*18 093*	*18 562*	*21 092*
États-Unis	16 689	18 577	20 717	23 214	24 449	27 948
Écart	3 566	3 474	4 848	5 121	5 887	6 856

Les nouvelles « choses »

Au cœur des « Trente Glorieuses », une expression nouvelle était née pour désigner l'état d'une France qui se dégageait de ses besoins primitifs pour entrer dans la dépendance des choses, des modes et des appareils : la « société de consommation ». Dénoncée par les marxistes comme une « ruse du capitalisme », par les chrétiens comme une « industrie de

l'inutile », par l'intelligentsia parisienne des *Deux Magots*
comme un moyen de corrompre le prolétariat et de le détourner du « Grand soir », et par Jacques Tati comme la fin d'un
monde ancien bercé par le chant des lavandières, cette société
de consommation avait surtout provoqué l'inquiétude et l'insa-
tisfaction de ceux qui en avaient été les principaux bénéficiaires. Tous les sondages d'opinion conduits de 1956 à 1974
sont formels : une majorité de Français soutenaient, contre toute
évidence, que, entre ces deux dates, leur niveau de vie et leur
pouvoir d'achat n'avaient pas progressé. Certes, ils concé-
daient que ces derniers n'avaient pas baissé, mais ils ne cré-
ditaient les « années de Gaulle » et les « années Pompidou »
d'aucun effet positif sur leur vie quotidienne. En 1977, alors
que le pouvoir d'achat moyen ouvrier avait triplé en trente ans,
ils étaient encore 47 % à souhaiter que les dix années à venir
soient meilleures que celles de la décennie précédente.

C'était l'époque où l'opinion était abreuvée d'articles présentant la France comme le pays occidental et parfois comme
le pays du monde où l'inégalité était la plus forte. C'était
l'époque où, dans le très austère *Traité marxiste d'économie
politique* qui avait servi de matière première à l'élaboration
du Programme commun de gouvernement, on pouvait lire :
« Le mode de vie des travailleurs a profondément changé en
quelques dizaines d'années, dans les pays développés. Mais
ce développement est marqué fondamentalement par le mode
de production capitaliste. Par exemple, un frigidaire possédé
par un travailleur a un double rôle. D'une part, il permet une
meilleure conservation des aliments ; de l'autre, il permet,
dans une semaine, des économies de temps sur la fréquenta-
tion des boutiques, temps que les capitalistes pourront tenter
de soutirer au travailleur en heures de travail supplémentaires.
Il favorise les achats groupés et, par là, la concentration dans
le commerce. [*sic*]

« C'est ainsi que la consommation exprime à chaque étape
un compromis où s'affrontent la lutte des travailleurs pour une
consommation plus riche et plus adaptée aux besoins, l'essor

des forces productives dont le capitalisme ne peut se passer, et l'ensemble des contradictions du système capitaliste monopoliste d'État qui se traduit par l'exploitation renforcée des travailleurs. »

Ainsi, les progrès de l'alimentation et de l'hygiène, l'acquisition massive d'automobiles et de téléviseurs, l'achat de disques et de logements plus vastes, le développement de l'enseignement et de la culture n'étaient pas réellement des progrès mais des besoins que satisfaisait le « capital » pour intensifier le rythme du travail et accroître la fatigue nerveuse des travailleurs. Que des lecteurs et une majorité de citoyens aient pu croire à de telles sornettes est un élément que l'historien doit évidemment prendre en compte. Dans la perception des faits qui bouleversent les vies quotidiennes, les mythes sont plus forts que la réalité.

Ainsi, aujourd'hui encore, *Alternatives économiques,* qui est la publication de référence pour les enseignants de sciences économiques et sociales, n'en finit pas de nier les évidences en affirmant que les inégalités de revenus s'accroissent, que les inégalités de consommation résistent et que l'écart entre les hommes et les femmes s'aggrave. Dans un numéro hors série consacré à *La Société française*, on peut lire ce passage qui fleure bon ses années 1970 : « Au fur et à mesure que le niveau de consommation augmente, le niveau d'exigence s'élève aussi. Mais pour tous ceux qui ont leur place dans cette société de consommation, la vision de personnes qui souffrent de la faim ou sont privées de domicile à quelques pas de chez eux peut aussi paraître choquante et décalée. Reste que les inégalités ne se limitent pas à l'opposition extrême entre la masse des consommateurs et les exclus. Les disparités de revenus, qui vont en moyenne du simple au double entre ouvriers et cadres [un écart qui semble manifestement intolérable à l'auteur, *NdlR*], nourrissent des disparités importantes dans les modes de consommation. Les produits de l'agriculture biologique sont par exemple un luxe réservé à une minorité de foyers. Les logements les plus confortables dans les quartiers les mieux lotis sont inaccessibles aux bourses les plus modestes. Dans les biens d'équipement ou l'habillement, la consommation de produits de marques fait souvent la différence entre catégories sociales. Comme cela a toujours été le cas, les innovations technologiques bénéficient d'abord aux ménages privilégiés, avant de connaître une diffusion plus large. Il en est ainsi de l'Internet ou de la téléphonie mobile. » Quiconque se promène dans les banlieues défavorisées peut en effet constater que les jeunes y sont tous privés de téléphonie mobile !

Autant dire qu'il faut de fortes capacités de persuasion pour convaincre les Français que l'accès aux « choses » s'est aujourd'hui plus démocratisé encore qu'à l'époque des « Trente Glorieuses ». Il suffit de comparer la structure des budgets à trente années d'intervalle pour mesurer à quel point les besoins de base sont aujourd'hui très largement satisfaits. En 1970, les dépenses alimentaires représentaient 18 % de la consommation

TABLEAU 20

STRUCTURE DE LA CONSOMMATION
DES MÉNAGES
(en %)

	1970	2000
Produits alimentaires	18,0	11,4
Boissons alcoolisées, tabac	3,8	2,7
Habillement et chaussures	8,1	4,0
Logement, chauffage, éclairage	15,8	18,9
Équipement du logement	7,3	5,1
Santé	2,1	2,8
Transports	10,4	12,2
Loisirs et culture	6,8	7,1
Hôtels, cafés, restaurants	5,5	6,1

moyenne des ménages. Elles en représentent aujourd'hui 11,4 %. En 1970, les dépenses d'habillement absorbaient 8,1 % des budgets familiaux. Elles en représentent aujourd'hui 4 %. À l'inverse, la part des dépenses de santé restant à la charge des ménages est passée de 2,1 % à 2,8 % Surtout, les Français consacrent aujourd'hui plus d'argent à leur logement qu'à leur alimentation. La part était de 18,9 % de la consommation des ménages en 2000 contre 15,8 % trente ans auparavant.

Au cours de ces « nouvelles Trente Glorieuses », c'est bien une nouvelle société de consommation qui s'installe, reflétant plus qu'avant nos modes de vie, nos façons de penser et nos envies collectives qui ont profondément changé en l'espace d'une trentaine d'années seulement. « Faisons ensemble une expérience toute simple, écrit Robert Rochefort, directeur du CREDOC (Centre de Recherche pour l'Étude et l'Observation des Conditions de vie), dressons la liste de tous les services et biens nouveaux que nous achetons aujourd'hui banalement et que nous ignorions à peu près totalement il y a tout juste quinze ans : magnétoscope, four à micro-ondes, branchement au câble ou au satellite, abonnement au vidéo-club, billets d'avion ou de TGV, pizzas livrées à domicile, club de remise en forme, foire des vins dans les hypermarchés, chaussures à la mode chez les adolescents (Nike, Reebok, Caterpillar, Doc Martens), mensuels en quadrichromie sur notre hobby préféré et salon annuel pour les passionnés[1]… »

Même si nous rêvons d'une société de nature sans artifice, nous sommes entrés sans y prendre garde dans une société de dépendance qui est à la mesure de notre enrichissement et de notre nouvelle solitude. L'alimentation, qui était autrefois la banale satisfaction d'un besoin primaire, est aujourd'hui devenue la quête éperdue de nouvelles saveurs associée à la recherche éperdue de sécurité. Les dépenses de santé qui étaient autrefois une simple réparation de dégâts sont devenues aujourd'hui un

1. Robert Rochefort, « Les Nouveaux Objets du désir, la nouvelle consommation », *Enjeux-Les Échos*, été 1998.

nouveau mode de vie. La consommation de jus de fruits, d'eaux minérales, de vins de qualité, de légumes, de yaourts a fortement progressé au détriment du bœuf, du sucre et des vins courants. Ce sont aussi les dépenses pour les animaux domestiques qui ont explosé. Les Français y consacrent en moyenne 4 milliards d'euros par an, 15 fois plus qu'en 1975.

TABLEAU 21		
PRINCIPALES CONSOMMATIONS ALIMENTAIRES PAR HABITANT		
	1972	1998
Bœuf (kg)	15,60	14,90
Poissons frais (kg)	11,00	15,48
Pommes de terre (kg)	89,34	65,78
Sucre (kg)	20,69	7,71
Pain (kg)	77,60	59,87
Yaourts (kg)	8,78	19,95
Vins courants (litre)	93,66	37,25
Vins AOC et VDQS (l)	8,57	27,75
Champagnes (l)	1,29	2,29
Jus de fruits (l)	2,29	11,53

Et s'il fallait choisir un symbole des mutations qui ont affecté la société française dans cette moyenne durée, on serait tenté de mettre en avant la crémation dont le taux a été multiplié par 20 en l'espace de vingt ans. En 1980, moins d'une famille de défunt sur cent choisissait la crémation comme pratique funéraire. En 2002, elle concernait plus de 100 000 décès, soit 20 % des obsèques. Une véritable « révolution » silencieuse qui traduit en fait mieux que tout l'évolution de notre société de « consommation ». Jusque dans les années 1960, la mort, survenant le plus souvent à domicile, au milieu des proches, était un événement visible, pris en charge par une collectivité plus large que le seul cercle familial ; les obsèques, par leur caractère ostentatoire, revêtaient une dimension « sociale » visant à faire passer le disparu dans le domaine réservé aux morts, au vu et au su de tous.

Aujourd'hui, plus de trois personnes sur quatre décèdent à l'hôpital, le nombre de familles recomposées et/ou éclatées géographiquement ne cessant de progresser. Bien souvent, on meurt dans des environnements anonymes, bien loin d'un corps social prompt à se mobiliser. Ainsi, le « passage » social disparaît au profit d'un « hommage privé ».

Le rapport même au corps s'est modifié. Dans une société marquée par le matérialisme, le corps n'est plus paré du caractère mystérieux qu'il pouvait revêtir lorsque les connaissances scientifiques n'étaient pas aussi avancées et diffusées. À l'image morbide de la décomposition des corps, la crémation substitue la certitude d'une fin immédiate. Par ailleurs, les dimensions de pureté et de liberté sont plus que jamais au cœur de notre existence. Pour les sociologues qui observent nos comportements, on peut ainsi établir un parallèle entre nos modes de vie de plus en plus tournés vers les services, vers des consommations « virtuelles » (loisirs numériques, informatique, communication…) et cette disparition immédiate du corps par crémation, aussitôt le décès survenu. Enfin, la recherche du moindre coût rend la crémation nettement plus « économique » que l'inhumation, 30 % moins chère environ. C'est aujourd'hui le « service » qui est recherché plus que l'objet représenté par le cercueil et l'organisation d'obsèques traditionnelles.

Mais là comme dans les « nouvelles choses », ces nouveaux rituels qui substituent l'intime au collectif, le privé au public, sont autant de traumatismes qui bouleversent les repères. Que faire, en effet, des cendres ? Autrefois, le cercueil enfoui dans la terre ancrait l'individu dans un terroir bien déterminé. Comment aujourd'hui choisir un endroit précis, y planter un repère, de manière à disposer d'un lieu physique où venir se recueillir ? Comment réintroduire du collectif dans cette angoissante intimité avec un défunt qui n'est « nulle part » ? Comment réintroduire le social dans cette pratique devenue « libérale » ?

Autant de questions, autant d'inquiétudes suscitées par un monde se transformant trop vite par rapport aux rituels qui structuraient depuis des générations des façons de vivre et de... mourir. Jamais le consommateur n'a pu accéder autant à ses désirs et à ses fantasmes. Jamais, en même temps, il n'a été aussi désenchanté. Quand on demande aux Français ce qu'ils feraient s'ils bénéficiaient brutalement d'une augmentation de leurs revenus de l'ordre de 10 %, 29 % seulement répondent qu'ils dépenseraient plus. C'est dire à quel point nous sommes entrés dans un autre imaginaire, comme si la consommation ne donnait plus de sens à la vie.

3

Tous millionnaires… ou presque !

Un million, ce chiffre a hanté pendant des décennies l'esprit des Français. Être millionnaire, c'était appartenir à un monde à part, celui de l'opulence et de la considération. « C'était le comble des désirs d'un négociant ! » s'exclamait Gustave-Emmanuel Roy, président de la chambre de commerce de Paris.

Un « comble » qui est en passe d'être atteint par tous les Français… ou presque ! En 2001, le patrimoine des ménages, net de dettes, était évalué à près de 5 000 milliards d'euros (32 800 milliards de francs). C'est dire que le patrimoine moyen des ménages (qui sont un peu moins de 25 millions) est aujourd'hui de 1,3 million de francs (un peu plus de 200 000 euros), soit près de cinq fois leur revenu disponible moyen contre 3,6 fois seulement il y a vingt ans. Certes, le million d'aujourd'hui vaut vingt fois moins que le million de la Belle Époque. Reste que, en longue durée, l'enrichissement moyen des Français est considérable. Un enrichissement qui s'est surtout accéléré au cours des « nouvelles Trente Glorieuses ». De 1914 à 1975, en francs d'aujourd'hui, le patrimoine moyen était passé de 5 400 milliards de francs à 12 000 milliards. De 1970 à 2001, il est passé de 12 000 milliards à près de 33 000 milliards de francs. Jamais les Français ne se sont autant enrichis qu'au cours des trente dernières années. En moyenne, on l'a mesuré plus haut, leur niveau de vie a été multiplié par 1,5. En moyenne toujours, leur fortune a quasiment triplé !

Une nation de capitalistes

Dans l'avant-propos qui présente l'enquête du Commissariat général au Plan sur « la place des actions dans le patrimoine des ménages », Jean-Michel Charpin, le commissaire général, écrit : « Il y a des sujets propices à des positionnements idéologiques, sur lesquels beaucoup négligent de documenter leurs opinions et les fondent sur des anecdotes ou des préjugés. La place des actions dans le patrimoine des ménages et le financement des entreprises en fait partie. À la décharge des protagonistes intervenant sur ce sujet, il faut dire que les statistiques officielles sont troublantes. »

Que disent de si troublant les statistiques officielles ? Elles constatent que la part des actions détenues directement dans le patrimoine financier des ménages français se montait à 38 % en 1999, à comparer à 22 % aux États-Unis, 18 % au Royaume-Uni et 16 % en Allemagne. En y ajoutant les actions détenues indirectement, la France se retrouvait au même niveau que les États-Unis et le Royaume-Uni, largement devant l'Allemagne. Les Français étaient 1,7 million en 1982 à détenir des actions de sociétés cotées. Ils sont aujourd'hui 7,2 millions. Pour un peuple qui a longtemps manifesté sa désapprobation à l'égard de ceux qui s'enrichissent en dormant et qui prétend ne pas aimer les « gros », l'évolution semble bien « révolutionnaire ». Selon les données de la comptabilité nationale, la part des actions dans le patrimoine des ménages français atteindrait aujourd'hui 30 % au lieu de 12 % en 1977. Une part croissante qui semble largement liée au niveau d'études. Pour faire court, plus le niveau d'études s'élève, plus la détention d'actions est forte, comme si la « culture action » dépendait plus du quotient intellectuel que du revenu.

TABLEAU 22

DÉTENTION DES ACTIONS EN FONCTION DU NIVEAU
D'ÉTUDES EN 1998

	Collège	Lycée	Université
Allemagne (1993)	16,6	21,8	31,3
France	*18,1*	*33,4*	*36,0*
Italie	8,7	24,1	37,5
Pays-Bas	26,6	25,0	45,6
Royaume-Uni	26,0	39,6	59,0

Un pari « intelligent » lorsqu'on sait que, en longue durée, la probabilité de préserver le pouvoir d'achat de son capital plaide dans une très large mesure en faveur des actions. Ainsi, de 1973 à juillet 2002, malgré les différents « krachs » boursiers dont le dernier a été le plus sévère, le rendement des actions en France a largement dopé le patrimoine de ceux qui faisaient le « bon choix ». De 1973 à 1982, le rendement du placement actions s'est élevé en moyenne à 6,7 % par an, entre 1983 et 1992 à 20,5 %, et à 10,4 % entre 1993 et juillet 2002. À cette date, les ménages français détenaient 768 milliards d'euros en actions (un peu plus de 5 000 milliards de francs) contre 150 milliards d'euros en 1975 (1 000 milliards de francs actuels).

Surtout, contrairement aux mythes largement partagés, la distribution du patrimoine, autrement dit de la fortune, apparaît aujourd'hui moins inégalitaire qu'hier. Certes, les 10 % de ménages les plus riches possèdent 46 % du patrimoine total des ménages, mais le montant de leur patrimoine en 2000 était 3,7 fois supérieur au patrimoine médian (qui est d'environ 78 000 euros ou 500 000 francs) contre 4,6 en 1986. Quant aux 10 % les moins riches, ils possédaient environ

14 000 francs d'aujourd'hui en 1989 ; ils en possèdent aujourd'hui le double (environ 28 000 francs). Ainsi, le patrimoine des 50 % de ménages de salariés les plus pauvres progresse légèrement dans la masse totale, passant de 7 % en 1986 à 9 % en 2000.

Autant de statistiques qui montrent bien que la richesse s'est démocratisée. Neuf ménages sur dix possèdent aujourd'hui un patrimoine financier (livrets d'épargne, valeurs mobilières, assurance-vie) ; ils n'étaient que six sur dix en 1972. À cette date, le patrimoine immobilier des ménages s'élevait à environ 1 058 milliards d'euros ; il s'élève aujourd'hui à près de 2 000 milliards d'euros. Enfin, près de 200 000 foyers paient aujourd'hui l'impôt sur la fortune. Ils n'étaient que 100 000 en 1982.

René, Hubert, Lucien, Gilberte et les autres

Celui de René est l'un d'entre eux. À 64 ans, ce fils d'un chef de station de la SNCF dont la mère faisait des ménages possède un patrimoine net de plus de 4 millions de francs alors que son dernier salaire ne s'élevait qu'à un peu plus de 20 000 francs par mois. Une « fortune » qui lui permet de couler une retraite heureuse entre son pavillon de Maisons-Alfort et sa résidence secondaire d'Aumont en Lozère, où il pratique l'élevage des escargots et la cueillette des cèpes. Sur ses trente-huit ans de carrière, René en aura passé trente-cinq à construire des voies de chemin de fer dans le monde entier, pour le compte de la SNCF pendant dix-sept ans, puis pour le compte d'un bureau d'études privé spécialisé dans le ferroviaire.

Au moment de son divorce d'avec sa première épouse, dans le courant des années 1970, René possédait déjà une résidence principale près de Perpignan, sa ville natale, une villa à Canet-Plage et trois appartements loués à Cabestany, dans la banlieue de la capitale du Roussillon. Des biens acquis avec les primes qu'un tempérament de fourmi l'incitait à investir. Ce patrimoine souffrira évidemment de la séparation, mais René aura à cœur de le reconstituer patiemment. Aujourd'hui, il est propriétaire de son pavillon à Maisons-Alfort, estimé à 1 700 000 francs, de sa résidence secondaire à Aumont, de deux maisons acquises en ruines en 1989, toujours à Aumont, pour 120 000 francs et qu'il a complètement rénovées pour les louer, d'une boutique à Maisons-Alfort, estimée à 250 000 francs, d'un portefeuille d'actions estimé à 360 000 francs où l'on trouve des actions de père de famille comme Air Liquide, Total, Pernod-Ricard et Peugeot, d'un portefeuille d'obligations estimé à 700 000 francs et d'un contrat d'assurance-vie pour 240 000 francs. Au total, un patrimoine net de 4 millions de francs qui classe René parmi les 10 % des Français les plus riches alors que sa retraite s'élève seulement à 140 000 francs par an. Mais comme il s'est créé un déficit fiscal avec les maisons qu'il a rénovées en Lozère, il échappe à l'impôt !

Âgé de 57 ans, Hubert, mécanicien verrier chez Saint-Gobain, vient d'être victime d'un plan de licenciement. Ses allocations (11 000 francs par mois) et le salaire de son épouse (11 500 francs comme assistante qualité chez Schneider) devront faire l'affaire. Un drame social ? « Pas du tout, répond Hubert. Notre épargne nous permet largement de voir venir. » Pourtant syndiqué à la CGT, Hubert, qui rêvait de réconcilier le capital et le travail, a toujours versé depuis la privatisation du groupe son intéressement et sa participation dans le Plan d'épargne entreprise. Aujourd'hui, il part avec 513 000 francs. Comme lui, son épouse a misé sur l'épargne salariale : elle dispose aujourd'hui de 156 000 francs. Une coquette résidence principale dans la banlieue bordelaise estimée à 800 000 francs, un petit appartement à Cagnes-sur-Mer estimé à 500 000 francs, un Plan Épargne Logement (PEL) sur lequel il a placé sa prime de licenciement et voici notre verrier de Saint-Gobain à la tête d'un patrimoine net de dettes de 2,6 millions de francs. Encore un millionnaire… qui peut envisager sa retraite en toute sérénité.

Lucien est un instituteur de 62 ans qui, au terme de sa carrière, gagne 14 000 francs nets par mois. Gilberte, son épouse, elle aussi membre du corps enseignant, gagne 12 500 nets par mois. Ayant démarré dans la vie sans un sou en poche, ils sont aujourd'hui à la tête d'un patrimoine de 2 millions de francs. En 1974, après trois années de mariage, Gilberte a reçu, à la faveur d'un héritage, un terrain à bâtir de 1 200 mètres carrés à Biviers, au cœur du Dauphiné. Le couple y a fait construire sa résidence principale, une maison de plain-pied d'une superficie de 110 mètres carrés estimée aujourd'hui à 1,1 million de francs. Lucien et Gilberte, qui économisent près de 20 % de ce qu'ils gagnent, ont au fil du temps investi sur des contrats d'assurance-vie, un PEP (Plan d'Épargne Populaire), des PEL et même des actions et obligations. Comment feront-ils pour dépenser en retraite ce qu'ils gagnent ? Seule solution pour eux… passer du temps à voyager ou continuer à épargner pour leurs enfants. Car ces « capitalistes » n'ont guère besoin du capital pour vivre.

Atypiques, René, Lucien, Hubert et Gilberte ? En aucun cas. Ils illustrent simplement à leur manière l'énigme qui n'en finit pas de surprendre les comptables nationaux. C'est que les déterminants et la répartition des fortunes sont loin d'être la réplique de ce que l'on observe pour le revenu. La source des inégalités de fortune reste encore, dans une large mesure, à découvrir. Les plus riches ne sont pas forcément ceux qui gagnent le plus et les moins fortunés ne correspondent pas toujours aux rémunérations les plus faibles. Ainsi, parmi les ménages ayant de faibles ressources, certains détiennent un patrimoine beaucoup plus important que d'autres. Parmi ceux qui gagnent le Smic, les 10 % les plus « fortunés » se partagent 58 % de la richesse globale de la catégorie. Parmi ceux qui gagnent dix fois plus, ce pourcentage tombe à 38 %. Chez ceux qui ne possèdent aucun diplôme, les 10 % de ménages les plus fortunés possèdent 53 % du patrimoine global de la catégorie. Ce pourcentage tombe à 45 % pour les titulaires du bac. L'héritage, la possession ou non d'un logement, la stabilité ou non du ménage, l'influence de placements plus fructueux que d'autres font qu'en ce domaine les inégalités sont beaucoup plus fortes à l'intérieur de mêmes catégories sociales qu'entre catégories sociales différentes. Sans aucun doute encore, les différences entre trajectoires biographiques jouent un rôle important pour tracer les voies de l'enrichissement. Préférence pour le présent, aversion pour le risque, chance simplement expliquent sans doute que la partie inexpliquée de répartition des fortunes s'élève à 40 %. Autre façon d'écrire les choses : plus d'un salarié sur deux occupe dans la hiérarchie des niveaux de vie une position nettement différente de celle qui est la sienne dans la hiérarchie des salaires. Une réalité qui n'est pas nouvelle. Il suffit pour s'en convaincre de comparer quelques tranches de vie extraites des études réalisées au XIXe siècle par les disciples de l'économiste Frédéric Le Play sur la « vie domestique » des populations ouvrières.

En 1878, Charles, 42 ans, serrurier-forgeron à Paris, gagne 7,25 francs par jour et 2 412 francs par an. Louise, sa femme, 36 ans, piqueuse de guêtres de bottines, gagne 2,60 francs par jour et 730 francs par an. Leur revenu annuel s'élève donc à 3 142 francs. À la même date, Louis-Pierre, 65 ans, fabrique des éventails pour un commerçant de Paris à Sainte-Geneviève, une commune de l'Oise située au nord de Senlis. Il est payé aux pièces et perçoit 633 francs par an. Sophie, son épouse, 64 ans, achève le façonnage des bois d'éventails ébauchés par son mari pour un revenu de 273 francs par an. Qui, de Charles ou de Louis-Pierre, a le niveau de vie le plus élevé ?

En fait, c'est Louis-Pierre, qui ne perçoit pourtant que 28 % des revenus de Charles. N'ayant plus d'enfants à charge, ayant fait bâtir une maison avec ses économies, cultivant un potager qui lui assure des légumes pour l'année, élevant trois couples de lapins, donnant naissance en moyenne à trente-six jeunes chaque année, produisant son cidre dont il vend une partie, touchant un traitement fixe de 150 francs par an comme bedeau, percevant quelques pourboires pour porter l'eau bénite chez les particuliers, Louis-Pierre épargne 261 francs par an, soit près de 30 % du revenu familial qui s'élève à un peu plus de 900 francs par an ! Louis-Pierre dispose en outre d'un patrimoine estimé à 10 000 francs (5 000 francs pour l'habitation et le jardin et 5 000 francs placés à 4,5 %), ce qui lui assure une modeste mais certaine aisance. D'ailleurs, note l'enquêteur, Sophie, « malgré ses soixante-quatre ans, est vive, gaie, prompte à la répartie et possède un répertoire inépuisable de chansons qu'elle chante avec un joyeux entrain » pour ses petits-enfants qu'elle va voir danser tous les dimanches. Une nourriture saine, des repas réglés, « l'absence de toute surexcitation physique et morale » leur ont permis de jouir d'une santé robuste et, note toujours l'enquêteur, rien dans les allures de l'ouvrier ni dans son maintien ne ferait soupçonner son âge.

À l'opposé, Charles, le serrurier-forgeron qui habite dans une maison située boulevard de la Chapelle à Paris, ne possède aucun patrimoine. Certes, le revenu familial est près de cinq fois supérieur à celui de Louis-Pierre, mais quand on soustrait le loyer (350 francs), le blanchissage du linge et des vêtements (102 francs), le vin acheté au cabaret pour être consommé à l'atelier (126 francs), les repas pris chaque matin par l'ouvrier chez un cabaretier (127 francs), les mois de nourrice pour le dernier enfant âgé de cinq mois (80 francs), les frais de maladie et les médicaments (56 francs), on peut observer que, en termes de niveau de vie, Charles et Louise sont moins bien lotis, étant en outre à la merci d'une interruption de travail, d'une réduction de salaire ou d'un accident imprévu.

La gloire des épiciers

Autant d'individus, autant de conditions de vie. La seule « leçon » à tirer de ces profils de vie, c'est que les voies de la fortune sont probablement plus démocratiques que celles des grandes écoles de la République. Il suffit pour s'en convaincre de recenser la liste des « Français les plus riches », régulièrement publiée par les magazines économiques. Parmi les dix familles françaises les plus riches, on retrouve, dans un ordre instable, Liliane Bettencourt, la famille Mulliez, les Defforey, la famille Hermès, la famille Bouriez, la famille Fournier, la famille Halley, des noms qui révèlent de manière stupéfiante la revanche des épiciers et la vertu du flair. Ce n'est plus Rothschild ou Rockefeller qui symbolisent la richesse mais Gérard Mulliez dont la carrière est à cet égard exemplaire. Tout commence au début du XXe siècle quand un certain Louis Mulliez épouse Marguerite Lestienne. Désireux de se mettre à son compte, il décide de créer une petite affaire de retordage de laine. L'entreprise démarre bien, se développe mais est victime de la Première Guerre mondiale qui touche durement le département du Nord. En 1923, avec son ami Jules Toulemonde, qui exploite un tissage de laine, Louis Mulliez monte alors une nouvelle entreprise de filature et de peignage, les filatures Saint-Liévin qui connaissent un essor remarquable. Parallèlement, Louis et Marguerite prennent le temps de mettre au monde onze enfants. Au lendemain de la Seconde Guerre mondiale, Gérard Mulliez, le deuxième fils de Louis, surnommé « Cavrois », du nom de son épouse, comprend que le monde est en train de changer. À l'heure où les femmes prennent, de plus en plus nombreuses, le chemin de l'usine ou du bureau, il pressent que les boutiques ne doivent plus attendre les clientes mais aller à leur rencontre. Au début des années 1950, il développe un réseau de franchisés qui prend le nom de Textile d'Art, bientôt rebaptisés Au Fil d'Art et enfin Phildar qui, une décennie plus tard, contrôle le tiers du marché français. Moins fécond que son père, Gérard dit « Cavrois » n'aura que six enfants.

L'un d'entre eux, Gérard, que l'on appelle « Matthias », du nom de famille se son épouse, fait son apprentissage aux filatures Saint-Liévin puis chez Phildar, d'abord comme contremaître, puis comme responsable des fabrications de machines à tricoter, enfin comme directeur des ventes. Le 6 juillet 1961 il a 29 ans. Avec l'aide d'un ami lainier qui lui prête 600 000 francs (l'équivalent de 780 000 euros) mais sans un centime de son père, il décide d'ouvrir près de Roubaix un magasin à l'enseigne Auchan, sur un terrain que lui a trouvé sa famille. C'est un échec cinglant. Boudé par la bonne bourgeoisie de Roubaix, le magasin, qui multiplie les promotions de tout genre, n'attire même pas la clientèle populaire. L'addition est lourde : plus de 200 000 francs de pertes (l'équivalent de 260 000 euros).

Gérard Mulliez, sermonné par son père qui, cette fois, l'aide à repartir du bon pied, rend visite à Édouard Leclerc, l'épicier de Landerneau qui, en 1949, a ouvert avec succès son épicerie « bon marché » en proposant « le détail à des prix de gros ». Le conseil est simple : le jeune patron d'Auchan n'a pas su négocier les prix avec ses fournisseurs. À la saison suivante, toutes les factures ont été passées au crible. Le succès est au rendez-vous. Trente années plus tard, le groupe Auchan et les entreprises contrôlées par la famille Mulliez pointent au premier rang des fortunes de France. Patrick, le frère aîné de Gérard, d'abord vendeur de chemises chez Auchan, a fondé Kiabi, sa propre chaîne de magasins de prêt-à-porter. Kiloutou, Tapis Saint-Maclou, Décathlon, Norauto, autant d'entreprises fondées par les membres de la famille qui ont remodelé la hiérarchie des « 200 familles ». Travailler, faire ses preuves, suivre des régles de conduite, autant de principes qui peuvent encore offrir de réelles opportunités d'enrichissement à ceux qui veulent entreprendre. À cet égard, un sondage CSA-*L'Expansion* réalisé en mars 2003 semble amorcer un tournant dans l'attitude des Français à l'égard de l'argent : 43 % des Français estiment qu'une personne riche l'est devenue à la force du poignet ou grâce à ses compétences, 25 % pensent qu'elle a eu de la chance, et 20 % seulement estiment qu'elle n'a pas toujours été honnête.

La pauvreté divisée par deux

Au début des années 1970, au terme des premières « Trente Glorieuses », le taux de pauvreté concernait 15,7 % de la population et 2,5 millions de ménages. Selon la dernière statistique, il toucherait aujourd'hui 4,2 millions de personnes, soit 7 % des ménages. En trente ans, le taux de pauvreté a été divisé par deux ! Ce constat a de quoi surprendre, voire indigner ceux qui sont persuadés que la « crise » a renforcé les inégalités et multiplié les exclus, les marginaux et les SDF, il n'en est pas moins réel. Alors que tout un chacun est persuadé de dénombrer de plus en plus de pauvres parmi les personnes qu'il croise dans la rue, le statisticien qui n'est pas foncièrement malhonnête affirme sans vergogne que cette impression n'est pas conforme à la réalité.

Pour tenter d'éclairer ce grand écart entre les faits et la perception qu'en ont les Français, il faut évidemment mesurer de quoi l'on parle et s'accorder sur la définition et les intruments de mesure de la pauvreté. Faute d'un instrument de mesure unique et absolu, on peut tout d'abord admettre, de façon simpliste mais assez efficace, que la pauvreté est synonyme d'absence d'argent : on parle alors de pauvreté monétaire. On peut aussi penser que la pauvreté résulte d'une addition de manques dans les principaux domaines de la vie sociale : elle serait alors un écart aux normes communes en matière de bien-être. Elle peut être enfin définie de manière subjective par les intéressés eux-mêmes : être pauvre, ce serait se percevoir comme pauvre.

Aux États-Unis, par exemple, ou en Australie, le principe général est le suivant : on fixe une norme de consommation des besoins fondamentaux de la société à une époque donnée – nombre de calories alimentaires, de vêtements, nombre de pièces de logement... –, et on considère comme pauvres ceux qui ne peuvent s'assurer ces biens fondamentaux aux prix les plus bas du marché. Inconvénient de la méthode : un ménage qui cultiverait son jardin, consommerait les produits de sa basse-cour, produirait son cidre, tricoterait ses vêtements et entretiendrait son patrimoine par de multiples travaux de bricolage serait considéré comme pauvre dans la mesure où la satisfaction de la plupart de ses besoins n'emprunte pas le canal monétaire. Dans *The Other America*, le sociologue américain Harrington faisait le constat suivant : « À Los Angeles, parmi les pauvres assistés, les Noirs vivent mieux que les Blancs. Les Blancs vont dépenser la majeure partie de leur budget sur de la viande à griller, puis le reste du temps se nourrir de spaghettis, de macaronis ou de pommes de terre. Les Noirs, parce qu'ils sont héréditairement membres de la catégorie des pauvres, ont un régime alimentaire de produits bon marché beaucoup plus équilibré, à base de légumes verts et de bas morceaux de viande. En conséquence, ce sont les Blancs qui ont des problèmes de santé liés à la malnutrition (obésité, anémie et troubles cardiaques)… Il y a un curieux avantage à avoir connu la pauvreté en profondeur : on apprend à survivre. »

La plupart des pays d'Europe occidentale, la France en particulier, refusent cette mesure monétaire normative et définissent la pauvreté comme le fait d'avoir un niveau de vie en retrait de celui de la majorité de la population. Ils veulent en fait mesurer davantage l'inégalité que la pauvreté absolue. Dans cette acception, la pauvreté *relative* touche ceux des ménages dont le niveau de vie est inférieur à un certain pourcentage de revenu réputé « normal ». Paradoxe de cette approche : si tous les revenus de la population augmentent de telle sorte que les besoins fondamentaux sont de mieux en mieux satisfaits, le taux de pauvreté relative ne change pas. Il peut même augmenter dès que les revenus des plus démunis augmentent moins que ceux des plus fortunés. C'est la mesure qu'ont évidemment choisie les Français dont l'aversion pour l'inégalité est telle qu'ils considèrent qu'une situation se dégrade alors même que les revenus de tous ont augmenté, fût-ce au prix d'une légère augmentation de l'inégalité, ce qui n'a même pas été le cas, faut-il le rappeler.

Ainsi, en France, pour définir la pauvreté monétaire, les statisticiens utilisent un seuil conventionnel qui correspond à la moitié du niveau de vie médian. En 2001, ce seuil était de 559 euros par mois pour une personne seule. Le calcul pour un ménage avec deux enfants de moins de 15 ans montre que cette famille doit percevoir 1 210 euros par mois pour être au-dessus du seuil de pauvreté.

Majoritairement, les ménages pauvres sont des familles dont le chef est au chômage ou en emploi instable, des petits indépendants, des familles monoparentales et des familles nombreuses dont les charges familiales sont importantes. C'est ainsi que 750 000 enfants de moins de 14 ans vivent dans la pauvreté. En fait, s'il y a perplexité, voire méfiance vis-à-vis des données statistiques, c'est qu'en trente ans la pauvreté a largement changé de nature. En 1970, 30 % des personnes âgées de plus de 65 ans étaient sous le seuil de pauvreté, alors qu'elles sont moins de 5 % actuellement. Aujourd'hui, ce sont les 15-25 ans qui sont les plus exposés à la pauvreté. Surtout, parmi le « noyau dur » des travailleurs pauvres, ce sont les petits indépendants qui sont majoritaires, agriculteurs, femmes aides familiales à temps partiel. Parmi les salariés, on compte surtout des jeunes en CDD (Contrat à Durée Déterminée) non diplômés et vivant seuls, des femmes à la tête d'une famille monoparentale, employées le plus fréquemment dans la construction ou les services aux particuliers. En somme, des « travailleurs » que ne prennent guère en compte les organisations syndicales dont la mission semble plutôt être de sauvegarder les avantages acquis des travailleurs peu exposés aux risques de la pauvreté.

Aux « oubliés » de la négociation de remonter, finalement, eux-mêmes la pente. Et sur ce terrain l'optimisme est plutôt de mise. Une étude de l'INSEE (Institut National de la Statistique et des Études Économiques) sur un panel de 7 000 ménages suivis pendant cinq années consécutives apporte à cet égard des informations inattendues. Ainsi, un

TABLEAU 23

NOMBRE DE MÉNAGES ET DE PERSONNES PAUVRES
EN FRANCE EN 1997

	Nombre dans la population totale	Taux de pauvreté en %	Ménages pauvres	Personnes pauvres
Ensemble	23 338 000	7,0	1 629 000	4 215 000
Personnes Actives				
• chômeurs	1 271 000	28,8	365 000	1 073 000
• salariés stables à plein temps	9 750 000	2,1	200 000	676 000
• salariés stables à temps partiel	579 000	13,1	76 000	165 000
• Salariés peu stables	989 000	28,8	365 000	371 000
• indépendants	1 875 000	12,0	226 000	678 000
Personnes de référence inactives				
• anciens salariés	6 005 000	2,4	141 000	279 000
• anciens indépendants	1 384 000	12,4	172 000	285 000
Autres inactifs				
• femmes de moins de 60 ans	313 000	29,2	92 000	208 000
• hommes de moins de 60 ans	521 000	27,3	142 000	393 000
• 60 ans ou plus	650 000	10,3	67 000	87 000

tiers des ménages pauvres une année ne le sont plus l'année suivante alors que 6 % des non-pauvres le deviennent. Surtout, c'est le travail beaucoup plus que l'aide qui contribue à sortir de la pauvreté. Dans l'ensemble, pour les ménages « sortants », les revenus du travail contribuent trois fois plus que les revenus sociaux (indemnités de chômage comprises) à l'amélioration du niveau de vie. Autant dire que la seule politique susceptible d'éradiquer la pauvreté semble être celle qui encourage le fait de travailler. Et à tous ceux qui pensent que les ménages les plus défavorisés chercheraient plus que les autres à produire par eux-mêmes ce qu'ils ne peuvent acheter, tricoter et entretenir le linge, réaliser les gros travaux, faire des conserves et des confitures, préparer les repas et entretenir les abords, l'enquête Modes de vie de l'INSEE apporte une réponse tout aussi claire : globalement, les plus pauvres n'en font pas plus. C'est que, finalement, la pauvreté est plutôt faite de faiblesse, de solitude et de défaut d'instruction que d'argent.

DEUXIÈME PARTIE

LES MÉTAMORPHOSES DE LA FRANCE

4

La France qui travaille

La France en queue de peloton, les travailleurs français en tête, tel est le paradoxe qui n'en finit plus d'alimenter le débat sur la compétitivité de la France. Un paradoxe pourtant facile à résoudre. Peu de Français travaillent mais ceux qui travaillent en font réellement trop ! Il est temps de faire l'éloge de ces derniers avant qu'ils ne partent en guerre contre ceux qui paressent.

La hantise du déclin

La France paresse. Le monde se transforme à vitesse accélérée tandis que la RTT (Réduction du Temps de Travail), les ponts, les grèves et les vacances marqueraient le grand basculement de l'Hexagone vers l'oisiveté encouragée. Telle serait, à en croire les Cassandre, la gangrène d'une France farouchement attachée à une retraite précoce et persuadée que le travail ne fait ni le bonheur ni la richesse. En publiant en 2001 un classement des pays membres de l'Union européenne dans lequel on apprenait que la France se classait douzième sur quinze, ne devançant que les Espagnols, les Portugais et les Grecs, l'agence européenne Eurostat a lancé un pavé qui a eu au moins le mérite de faire découvrir aux Français des notions qui leur étaient peu familières. SPA (Standard de Pouvoir d'Achat), investissement productif, R & D (Recherche et Développement), autant d'indicateurs qui ont fait valser les chiffres et leur ont permis de mieux comprendre la chanson.

Selon Eurostat, en 1992, la France et l'Allemagne réunifiée affichaient toutes deux un PIB par habitant de 108,8, pour une moyenne de 100 en Europe. Elles n'étaient alors devancées que par le Luxembourg et la Belgique. En 2001, l'Allemagne pointait au 7ᵉ rang (104,4) en Europe tandis que la France serait à la 12ᵉ place, en dessous de la moyenne européenne (99,6).

TABLEAU 24

PIB PAR HABITANT EN 2001

1	Luxembourg	198,9
2	États-Unis	153,6
3	Danemark	122,4
4	Irlande	121,2
5	Pays-Bas	115,4
6	Autriche	109,8
7	Belgique	106,1
8	Allemagne	104,4
9	Italie	102,5
10	Finlande	102,4
11	Royaume-Uni	102,0
12	Suède	100,7
13	*France*	*99,6*
14	Espagne	83,1
15	Portugal	73,4
16	Grèce	70,9

Moyenne Union européenne : 100
Calcul en fonction des standards de pouvoir d'achat.

Mobilisés par le gouvernement, les experts de l'INSEE s'employèrent alors à mettre en cause ces statistiques si humiliantes. Ils rappelèrent, à cette occasion, que pour assurer la pertinence des comparaisons de richesse produite chaque année dans les différents pays, il était nécessaire de convertir les PIB respectifs en SPA. En effet, le niveau des prix peut être très différent d'un pays à l'autre, si bien que l'étalonnage des PIB en une monnaie commune — l'euro en l'occurrence — ne suffit pas à garantir une comparaison satisfaisante des pouvoirs d'achat respectifs. Il faut alors raisonner en « parités de pouvoir d'achat » en essayant de savoir ce que coûte, dans les deux pays soumis à comparaison, un même « panier » de biens et de services représentatif de la production et de la consommation nationale. Si, par exemple, ce « panier » coûte 1 euro en France et 1,50 dollar aux États-Unis, il faut multiplier par 1,5 le PIB français par tête pour obtenir la conversion en dollars. Si, après cette conversion, un Américain moyen a un revenu de 1 800 dollars alors qu'en France ce chiffre n'est que de 1 500 dollars, on dira que l'avance américaine est de 20 % en termes de revenu réel ou en parité de pouvoir d'achat.

Or c'est bien là que le bât blesse. Dans les économies modernes, les richesses économiques sont aujourd'hui composées de services très spécifiques — santé, éducation, restauration, tourisme, transports, logement — dont les niveaux de qualité varient dans des proportions considérables selon les pays. Ainsi, la France figurerait en queue de peloton parce qu'elle apparaît comme une nation chère, notamment par rapport à l'Allemagne et l'Italie. Cela s'expliquerait par l'accroissement spectaculaire du coût de la construction, plus de 40 % par rapport à la moyenne. Spécialiste de l'économie des services, Jean Gadrey estime en outre que la marge d'incertitude dans la plupart des comparaisons internationales de PIB par tête est au moins de 10 à 15 %. Autant dire que les incertitudes sont énormes et qu'il vaut mieux multiplier les critères pour évaluer la hiérarchie des nations. Le moyen le plus sûr reste encore de prendre en considération la longue durée[1].

À cet égard, la France présente des performances plutôt honorables. Mesuré en dollars constants de 1990 par Angus Maddison, le PIB par habitant la classait en 6ᵉ position en 1973, en 8ᵉ en 2001, mais avec des écarts si ténus avec le peloton qui pourchasse les États-Unis que l'écart avec ces derniers n'est pas réellement significatif.

TABLEAU 25

PIB PAR HABITANT
(EN DOLLARS INTERNATIONAUX DE 1990)

	1973	2001
États-Unis	16 689	27 948
Suisse	18 204	22 263
Danemark	13 945	23 161
Canada	13 858	22 302
Suède	13 493	20 562
France	13 123	21 092
Pays-Bas	13 082	21 721
…		
Australie	12 759	21 883
Norvège	11 246	24 577
Japon	11 439	20 683

Source : Angus Maddison, *op. cit.*

Certes, au cours des trente dernières années, le taux de croissance moyen par tête n'a pas dépassé 2 % en France.

1. Fin 2003, Eurostat a reconnu son erreur. Selon le nouveau classement qui corrige l'étude publiée en 2001, la France arriverait en 7ᵉ position des pays européens, précédant en particulier l'Allemagne et l'Italie !

Reste qu'en longue durée l'Hexagone a plutôt maintenu ses positions, même si la Corée du Sud, l'Irlande et la Norvège lui taillent maintenant des croupières.

TABLEAU 26

TAUX DE CROISSANCE DU PIB RÉEL
PAR HABITANT (1970-1999)

Corée	6,0
Irlande	4,1
Norvège	3,0
Portugal	3,0
Islande	2,7
Japon	2,6
Espagne	2,5
Finlande	2,4
Autriche	2,4
États-Unis	2,2
Italie	2,2
Grèce	2,2
Canada	2,2
France	*2,0*

Source : OCDE, *Perspectives économiques*, juin 2001.

Un pays de fourmis

Surtout, les Français qui travaillent affichent des gains de productivité qui font de leur pays un pays de fourmis besogneuses. Toujours en dollars constants de 1990, un Français actif produisait en moyenne 31 910 dollars en 1973, 50 580 en 1998, ce qui le classe au 3ᵉ rang du monde derrière les États-Unis et la Belgique alors que, il y a trente ans, il ne pointait qu'à la 5ᵉ place. Une grande partie de nos « problèmes » vient de cette performance, ce qui illustre de manière inattendue le penchant national pour le paradoxe.

TABLEAU 27		
PIB PAR PERSONNE EMPLOYÉE *(en dollars internationaux de 1990)*		
	1973	1998
États-Unis	40 727	55 618
France	*31 910*	*50 680*
Belgique	31 621	52 642
Norvège	26 758	46 792
Irlande	19 778	44 822
Australie	29 516	44 190
Danemark	28 867	43 564
Canada	35 302	43 298
Pays-Bas	34 134	42 534
Finlande	23 575	42 058
Italie	25 661	42 015
Espagne	23 346	41 870
Autriche	26 971	41 019
Allemagne	26 623	40 452
Royaume-Uni	26 956	40 875
Japon	37 144	39 631
Source : Angus Maddison, *op.cit.*		

Par heure travaillée, la performance est encore plus excep-tionnelle. La France (33,72 dollars par heure) est aujourd'hui le 2ᵉ pays du monde, talonnant de près les États-Unis (34,55) mais devançant largement le Japon (22,54), l'Allemagne (26,56) ou le Royaume-Uni (27,45).

À volume de travail égal, la machine économique française crée aujourd'hui beaucoup plus de richesses qu'il y a trente ans ! En 1973, on comptait 21,3 millions d'actifs pour une

---

TABLEAU 28		
PIB PAR HEURE TRAVAILLÉE *(en dollars internationaux de 1990)*		
	1973	1998
États-Unis	23,72	34,55
Canada	19,74	26,04
Pays-Bas	19,49	30,62
Suisse	18,54	24,81
France	*18,02*	*33,72*
Belgique	16,89	33,57
Royaume-Uni	15,97	27,45
Norvège	15,44	30,62
Allemagne	14,76	26,56
Japon	11,57	22,54

valeur ajoutée globale de 742 milliards d'euros d'aujourd'hui. En 2001, 23 millions d'actifs produisent une valeur ajoutée de 1 310 milliards d'euros. En 1998, une heure de travail en France produit 15,70 dollars de plus qu'en 1973 ; aux États-Unis, 10,80 dollars, en Allemagne, 11,80 dollars, au Japon, 10,90 dollars. Des chiffres simples qui méritent d'être médités. Un rapide calcul, rarement fait, permet en effet d'estimer qu'avec le niveau de productivité du Japon, de l'Allemagne ou du Royaume-Uni, la France devrait employer 29 millions d'actifs, soit 5 millions de plus qu'elle ne le fait. Autant dire que le chômage aurait totalement disparu !

Productivité, maître mot qui explique bien à lui seul les immenses progrès et les réels déboires qu'a connus la France depuis trente ans. Certes, là comme ailleurs, la production par actif occupé n'a crû que de 2 % en moyenne par an au lieu des 4,5 à 5 % par an de 1949 à 1973, mais ce rythme apparemment languissant a créé pratiquement autant de richesses qu'au cours de la période précédente. En 1998, un actif occupé a créé 18 770 dollars de plus qu'en 1973 ; en 1973, il en avait créé 20 696 de plus qu'en 1950. Si, dans les trente dernières années, le revenu du smicard s'est accru de près de 70 % et la fortune moyenne a triplé, on le doit uniquement à cette alliance qui, depuis les débuts de l'industrialisation, a fait le bonheur matériel des hommes : l'alliance entre le capital et le travail. Pour consommer en effet, c'est une lapalissade qui mérite d'être répétée, il faut d'abord avoir produit. Et pour consommer plus en travaillant autant ou même moins, il faut que s'améliore la productivité.

À cet égard, la France a fait mieux que tous les autres pays, États-Unis exceptés. Et cela d'autant plus que, dans les calculs globaux de la productivité, on comptabilise, en heure égale pourrait-on dire, le travail de ceux qui sont exposés au défi d'une concurrence de plus en plus mondiale et celui des agents de la fonction publique, bien plus nombreux dans notre pays qu'ailleurs, et dont la productivité est, c'est le moins qu'on puisse dire, plus difficile à mesurer. Sans doute est-ce pour cela que les salariés français ont souvent le sentiment, malgré ou à cause des 35 heures, de vivre un travail sans fin, jusqu'aux limites de l'épuisement. Sans doute est-ce aussi pour cette raison qu'ils admettent mal devoir travailler plus longtemps. Deux France semblent se distinguer sur le front du travail : une France d'assaut déchirée entre le désir de réussir et la crainte de l'échec, victime du stress, de la surcharge et du Prozac, et une France abritée, sûre de son emploi et de ses revenus, dont la nonchalance ou... les revendications exaspèrent la première.

La métamorphose des métiers

En 1973, la population active occupée hors chômeurs comprenait donc 21,3 millions de personnes. Elle s'élève aujourd'hui à 23,8 millions de personnes, soit 40 % de la population nationale. En trente années, la France a donc créé

TABLEAU 29

LES GAINS DE PRODUCTIVITÉ HORAIRE
DU TRAVAIL EN FRANCE (1970-1999)
(taux de variation annuels moyens par période, en %)

	1978-1990	1990-1999
Agriculture	6,5	5,9
Industrie	3,6	4,0
Construction	2,2	- 0,4
Éducation, santé, action sociale	2,0	0,7
Administration	1,7	0,5
Ensemble	*3,0*	*1,3*

Source : OCDE, *op.cit.*

2,5 millions d'emplois, seulement, pourrait-on dire, alors que dans le même temps, les États-Unis en créaient plus de 40 millions pour une population quatre fois et demie supérieure. C'est dire à quel point toute la richesse créée depuis trente ans repose sur peu de Français. Près de deux tiers d'entre eux n'ont pas d'activité professionnelle. Enfants, étudiants, chômeurs, inactifs, retraités ou préretraités, ils dépendent de la productivité des 25-54 ans qui portent sur leurs épaules l'essentiel de la charge. Entre 55 et 59 ans, seuls 66,9 % des Français travaillent, contre 82,4 % en 1970, ce qui place la France au dernier rang des pays européens. Le succès du film *Tanguy* (du réalisateur Étienne Chatiliez, sorti sur les écrans en 2003) est à la mesure de cette statistique qui dessine une exception française.

Surtout, cette apparente stabilité de la population active masque une métamorphose des métiers d'une ampleur sans pareille. En trente ans, ce sont les structures de l'emploi et la nature des activités qui ont été bouleversées, autant sinon plus qu'aux « Trente Glorieuses ».

TABLEAU 30

ÉVOLUTION DES TAUX D'ACTIVITÉ
(en % de la population active)

	Hommes		Femmes	
	1968	2001	1968	2001
15-19 ans	42,9	11,0	31,4	6,2
20-24 ans	82,6	56,2	62,4	46,9
25-54 ans	95,8	94,1	44,5	78,7
55-59 ans	82,4	66,9	42,3	52,0
60-64 ans	64,7	15,5	32,3	13,0
65 ans et plus	19,1	1,7	6,9	0,9

TABLEAU 31

STRUCTURE DE L'EMPLOI FRANÇAIS
AU XXᵉ SIÈCLE
(en millions)

Années	Agriculture	Industrie	Services
1906	8,8	5,9	5,7
1954	6,4	6,7	7,1
1973	2,3	8,3	10,7
2001	1,0	5,4	16,5

L'agriculture a perdu 1,3 million d'emplois, l'industrie près de 3 millions, tandis que les services en gagnaient près de 6 millions. On ne mesure pas à quel point ces chiffres dessinent une autre France et expliquent dans une large mesure ses angoisses et ses frustrations. En 1973, à la veille du premier choc pétrolier, l'industrie occupait près de 8,3 millions d'emplois. Un sommet historique qui marquait l'apogée de la classe ouvrière et semblait lui promettre un avenir à la mesure de son poids dans la société. C'était l'époque où le parti communiste écrivait, non sans raison apparente : « Le rôle économique, politique, social de la classe ouvrière est aujourd'hui beaucoup plus important qu'il ne l'était au XIXᵉ siècle, à l'époque du capitalisme concurrentiel. La classe ouvrière a beaucoup grandi en importance numérique. Elle représente aujourd'hui largement plus de la moitié des travailleurs salariés, et près de 45 % de la population active. Sa maturité, son expérience, ses organisations syndicales et politiques sont très développées. La classe ouvrière reste la force décisive de l'évolution et de la révolution sociales. » En 1984 encore, quand la Lorraine manifestait à Paris contre le plan Acier du gouvernement et que Creusot-Loire, premier groupe français de mécanique lourde et héritier d'un nom qui illustrait à lui seul l'histoire de l'industrialisation, était mis en règlement judiciaire, la France comptait toujours le même nombre d'ouvriers. De quoi faire croire à François Mitterrand et aux dirigeants du parti socialiste que la rupture avec le capitalisme était souhaitable et possible, et que les nationalisations industrielles étaient comme en 1936 et 1945 le fer de lance de la modernité.

Vingt ans après, un temps extrêmement court à l'échelle de l'histoire, on compte moins d'ouvriers au sens strict en France qu'en 1886 (4,1 millions de personnes) ! C'est un siècle d'histoire industrielle qui est en train d'être balayé en moins d'une génération. Un traumatisme qui explique largement le séisme politique du 21 avril 2002. La « classe » qui marchait dans le sens de l'histoire et apparaissait comme la référence obligée et émue de toute parole de « gauche » se voit supplantée par un monde sans nom et sans identité qu'on appelle faute de mieux « employés », une catégorie sociale sans histoire et sans « âme » qui ne porte aucune promesse messianique et que n'incarne à l'écran aucun homme de fer. Mineurs, dockers, métallos, Longwy, Anzin, Billancourt, Le Creusot : autant de symboles de la France industrielle emportés par cette formidable métamorphose de l'activité. Si, dans les institutions comme dans les représentations, l'industrie semble toujours être considérée comme l'aiguillon de la croissance, l'évolution des métiers montre en fait le recul historique des activités industrielles et des bataillons qui en étaient les acteurs.

L'allergie aux services

Depuis maintenant plus de vingt ans, c'est le secteur des « services » qui se retrouve en première ligne, chargé à lui seul d'absorber les actifs dont l'agriculture et l'industrie n'ont plus besoin. Tandis qu'entre 1973 et aujourd'hui l'industrie perdait près de 100 000 emplois par an, le secteur des services en créait plus de 200 000, une progression qui n'a toutefois pas permis de faire face à l'augmentation de la population active ni d'éviter la progression du nombre de chômeurs.

C'est qu'en France plus qu'ailleurs, les « services » font l'objet d'une moue dédaigneuse qui n'en facilite pas la valorisation. Par exemple, la nomenclature en 40 secteurs d'activité utilisée chaque année par la comptabilité nationale française permet d'isoler, à l'unité près serait-on tenté d'écrire, les 40 000 emplois du secteur « minerais et métaux non ferreux » ou les 50 000 emplois du secteur « cuirs et chaussures ». En revanche, les 16,5 millions d'emplois de services n'ont droit qu'à 11 sous-secteurs, si bien que cette source officielle ne permet pas de savoir que les crèches et garderies comptent aujourd'hui plus de 100 000 postes de travail, soit légèrement moins que l'industrie automobile (144 000 postes) mais plus que la construction aéronautique et spatiale (70 000 postes) ou que les emplois dans les agences immobilières occupent plus de personnes (120 000) que l'ensemble de l'industrie textile (109 000).

Autant dire que le chômage, sur lequel nous reviendrons plus loin, est moins un problème de conjoncture économique déprimée qu'un problème d'adaptation à une métamorphose de l'activité qui n'a pas eu le temps de faire son chemin dans les têtes des Français et de ceux qui devaient les éclairer. « Tout le monde s'accorde à le reconnaître aujourd'hui, écrit Thomas Piketty, les créations d'emplois de l'avenir se feront dans le secteur des services. Pourtant, le débat français au sujet des emplois de services se résume trop souvent à une opposition entre deux visions caricaturales de la nature exacte des postes de travail susceptibles d'être créés. D'une part, la vision positive des "services de proximité" permettant de répondre à de nouveaux besoins collectifs (aide aux personnes âgées, emplois familiaux, protection de l'environnement, etc.) et de redonner travail et dignité aux personnes privées d'emploi ; d'autre part, la vision négative des "petits boulots", définissant autant d'emplois en situation précaire, imposés par la pure logique marchande (livreurs de pizzas, pompistes, promeneurs de chiens, etc.). D'un côté, une voie noble que la France devrait chercher à emprunter ; de l'autre, le repoussoir du modèle anglo-saxon qu'il nous faudrait à tout prix éviter.

« Cette opposition entre les "bons" et les "mauvais" services est, en effet, trop grossière. D'ailleurs, elle ne correspond pas toujours aux perceptions des travailleurs concernés : il est probable que très peu de jeunes préféreraient s'occuper quotidiennement d'un grabataire plutôt que de livrer des pizzas, y compris en échange d'un salaire supérieur, et ce bien que le premier emploi soit un "service de proximité" et le second un "petit boulot"[1]. »

À cet égard, le tableau qui compare la structure des emplois américains en 1996, ramenés à la population française, éclaire de manière saisissante l'« exception » française. Si la France avait la même « idéologie » du travail que les États-Unis, il

---

1. Thomas Piketty, « L'emploi dans les services en France et aux États-Unis : une analyse structurelle sur longue période », *Économie et statistique*, n° 318, 1998.

lui faudrait 5, 3 millions d'emplois en plus. N'ayons pas peur de le marteler, il n'y aurait alors aucun chômeur en France.

TABLEAU 32

LA STRUCTURE DES EMPLOIS AMÉRICAINS EN 1996
RAMENÉE[1] À LA POPULATION FRANÇAISE

Secteurs d'activité	France observée	France structure américaine[2]	France observée structure américaine
Agriculture	1 020	700	– 320
Industrie BTP	5 740	6 570	830
Services	15 120	19 930	4 500
dont			
Commerce	2 970	4 780	1 810
Transports	980	1 040	60
Activités financières et immobilières	1 020	1 740	720
Postes et Télé-communications	460	530	70
Services aux entreprises	1 940	2 210	270
Hôtels et restauration	770	1 790	1 020
Activités récréatives	370	540	170
Services personnels et domestiques	540	530	– 10
Éducation, santé et action sociale	1 730	2 160	430
Administration publique	1 780	1 250	- 530
Activités associatives	260	280	20
Emploi total	21 880	27 200	5 390

1. En milliers.
2. Nombre d'emplois qu'il y aurait en France si la France comptait le même nombre d'emplois par habitant âgé de 20 à 60 ans que les États-Unis par secteur d'activité.

Malgré toutes les différences séparant les systèmes économiques et sociaux de part et d'autre de l'Atlantique, il n'y a guère d'écarts sensibles dans les transports, les postes et télécommunications, les services aux entreprises, l'éducation, les activités récréatives et même l'agriculture. Dans ces secteurs d'activité, les écarts peuvent être considérés comme négligeables, compte tenu des inévitables différences de classement des emplois qui ne peuvent être parfaitement corrigées. Le principal écart entre la France et les États-Unis est concentré dans deux secteurs qui, à eux seuls, pourraient créer plus d'emplois en France que le nombre actuel de chômeurs, le commerce et l'hôtellerie-restauration. Si l'on y ajoute le fait que le taux d'emploi par habitant âgé de 15 à 64 ans est de 58,5 % en France et de 73,6 % aux États-Unis, on a là la principale explication du chômage en France. Reste que cette différence est le produit d'une histoire particulière et qu'il n'est guère possible d'imaginer une répartition symétrique des fonctions sociales dans deux pays aux choix économiques et sociaux différents.

Force est toutefois d'ausculter cette France des services pour mieux comprendre cette asymétrie. Ainsi, l'emploi dans le commerce n'a aucunement progressé en France depuis 1973 ; il a même baissé depuis 1982, alors que ce secteur a créé 8 millions d'emplois aux États-Unis au cours de la même période.

La progresssion du commerce de détail en France, qui comblait à vive allure son retard sur le commerce de détail américain au cours des « Trente Glorieuses », s'est bloquée à partir des années 1980, alors que le pouvoir d'achat moyen des ménages français progressait autant sinon plus que le pouvoir d'achat des ménages américains. La question est bien de savoir pourquoi le commerce de détail en France emploie moins de personnel pour vendre le même volume de biens. En grande partie, c'est parce que le coût horaire d'un employé rémunéré au niveau du Smic est environ 40 % supérieur au coût horaire d'un employé rémunéré au niveau du

TABLEAU 33

ÉVOLUTION DE L'EMPLOI DANS LE COMMERCE
(en milliers)

	France	États-Unis
1896	1 060	2 560
1906	1 340	6 130
1954	1 960	9 420
1973	2 800	14 740
1982	3 000	17 290
1989	3 060	20 140
1996	2 970	22 190

salaire minimum fédéral américain, ce qui est moins le fait du salaire lui-même que des charges pesant sur les employeurs (45 % en France, 7,5 % aux États-Unis).

Surtout, le niveau élevé d'emplois dans le commerce de détail américain ne tient pas, comme on pourrait le penser, au plus grand nombre d'établissements traditionnels de petite taille, mais au contraire au très fort développement de magasins spécialisés (électronique, bricolage, nourriture, jouets, informatique, vêtements, ameublement, sports), caractérisés par des services à la clientèle très développés et une utilisation intensive de main-d'œuvre en magasin (information sur les produits, assistance aux rayons et aux caisses, services après-vente).

Pour tous ceux qui ont observé la structure des emplois dans les deux pays, ce serait la volonté des gouvernements de protéger le petit commerce traditionnel et la prépondérance en France des grandes surfaces généralistes, où l'on trouve de tout mais qui emploient peu de personnel, qui feraient la différence. Ainsi, la chaîne américaine de magasins spécialisés dans le jouet « Toys'R'US » emploie, pour un volume de ventes comparable, entre 30 % et 40 % moins de salariés dans ses établissements français que dans ses magasins américains.

Enfin, le « culturel » a sa place dans cet écart, les consommateurs français étant moins prêts que leurs homologues américains à utiliser les services de salariés employés à empaqueter les achats aux caisses des supermarchés, à livrer des courses, ou même à informer et à conseiller sur les produits. Tout se passe comme si la France préférait un taux de chômage élevé à une politique active de réduction du coût de travail peu qualifié. Tout se passe comme si la France avait choisi de privilégier la productivité de ceux qui travaillent pour pouvoir financer le chômage de ceux qui ne peuvent trouver un emploi dans les seuls secteurs où aujourd'hui comme demain la demande sera de plus en plus forte.

Le stress des cols blancs

La « bouffe autour du barbecue », tel était le rite qui semblait caractériser les officiers de la croissance des « Trente Glorieuses », ces cadres qui voulaient rompre en tous points avec les rituels bourgeois. « Ni hiérarchie affirmée ni répartition ritualisée des rôles, observait le sociologue Henri Mendras. Tout est inversé : le grillé remplace le rôti, le dehors le dedans, l'égalité la hiérarchie. Le spectacle ne sert plus à confirmer les positions sociales mais plutôt à classer et reclasser chacun sur une échelle discrète où l'on s'efforce continuellement de gravir un nouvel échelon dans l'esprit des autres[1]. »

Ces officiers en tenue « campagnarde » qui faisaient cuire les brochettes dans un désordre apparent mais bien réglé étaient 1,3 million en 1975 ; ils sont 3,1 millions aujourd'hui. En 1975, on comptait 3,8 millions d'ouvriers non qualifiés et

.1. Henri Mendras, *La Seconde Révolution française*, Gallimard, 1994.

1,3 million de cadres. Aujourd'hui, on compte 3,1 millions de cadres et 2,4 millions d'ouvriers non qualifiés. Ce spectaculaire chassé-croisé ne s'est pas encore traduit dans la façon dont les Français se « représentent » la société. Aujourd'hui comme hier, c'est le sort des « travailleuses et des travailleurs » qui alimente leurs mythes de pauvreté alors que ce sont les nouveaux bataillons de l'encadrement qui sont les plus exposés.

Alors qu'en 1975 les milieux populaires bénéficiaient de moins de loisirs que les milieux favorisés, c'est aujourd'hui l'inverse. Ce sont maintenant les plus diplômés qui travaillent le plus et qui consacrent le moins de temps aux loisirs. Alors que, sur l'ensemble de la période, la durée des loisirs a augmenté de dix heures chez les titulaires de bas revenus, le temps libre n'a progressé que de 2 h 30 chez les cadres supérieurs.

TABLEAU 34

EMPLOI DU TEMPS DE LA POPULATION URBAINE
DE 18 À 64 ANS (EN HEURES PAR SEMAINE)
*(travail total comprenant travail professionnel
et travail domestique)*

	1974	1998
CEP, sans diplôme	62,4	58,9
CAP, BEP, BEPC	61,5	58,8
Bac ou plus	58,9	60,3

Cette pression exercée sur les cadres est d'autant plus mal supportée qu'elle ne s'est pas traduite par un accroissement sensible des inégalités salariales en leur faveur. Dans l'enquête publiée en 1998 par le ministère du Travail sur les « indicateurs de pénibilité mentale du travail », 60 % des salariés disaient qu'une erreur de leur part les exposerait à un risque de sanction sur leur emploi ou leur rémunération alors qu'ils

TABLEAU 35

TEMPS DE LOISIRS DE LA POPULATION URBAINE
DE 18 À 64 ANS, SELON LE REVENU
(en heures par semaine)

	1975	1998
Premier quartile	20,5	25,7
Quartile supérieur	22,1	23,8

n'étaient que 46 % en 1991. Un salarié sur deux citait l'impact qu'aurait une erreur de sa part sur les finances de l'entreprise. Les ingénieurs, et plus largement les métiers à forte composante technologique, déclaraient que leur responsabilité s'exerçait vis-à-vis de la qualité des produits de l'entreprise. Ils admettaient aussi manquer souvent de temps pour faire correctement leur travail et devoir se débrouiller seuls dans des situations difficiles. Surtout, 79 % des cadres jugeaient leur charge de travail excessive.

Exposés en première ligne aux avancées de la société d'information sur les décombres de la France industrielle, les cadres sont bien devenus les précurseurs du temps de travail incontrôlable, du temps qu'il est de plus en plus difficile de mesurer, du temps qui n'évalue ni le temps des préoccupations, ni celui de la prise de responsabilité ou de décision. On pensait et on pense encore souvent que cette surchage de travail était pour eux le prix à payer pour obtenir des revenus élevés et accéder à des postes de direction et de pouvoir. Cette opinion est largement datée. Sur 2 000 salariés soumis anonymement à des examens par l'Institut de médecine du travail du département du Nord, 17,5% présentaient dans leurs urines des traces de produits dopants. « Le cadre commence par avaler des anxiolytiques parce qu'il se sent en difficulté, constate un spécialiste de la médecine du travail. Il se culpabilise de ne pas être à la hauteur. Alors il surinvestit dans son travail, recourt cette fois à des stimulants, et la spirale est enclenchée. »

Dans la société de services qu'est devenue la France, le client est devenu un bourreau de proximité. Ainsi, telle chaîne de grande distribution forme ses acheteurs à la négociation avec les fournisseurs selon le test de la poignée de main. « On sait si on a tiré le maximum au moment du tope-là. On nous apprend que si le vendeur n'a pas la main moite, on n'a pas été assez durs en affaires », déclare l'un deux. Françoise, chef d'un magasin de l'enseigne nordiste du prêt-à-porter Camaïeu, admet quant à elle : « J'ai toujours la pression de l'objectif de 15 millions d'euros de chiffre d'affaires par an pour 200 m^2 de surface de vente. Je n'arrête pas d'interroger ma caisse enregistreuse pour consulter mon chiffre. D'ailleurs, la direction s'arrange toujours pour me faire connaître, l'air de rien, celui des autres chefs de magasin du département. Histoire de me motiver. »

La confession de Françoise traduit en fait le double stress de la femme moderne. Regarder ses enfants grandir et assumer, pour une forte proportion d'entre elles, la fonction de « chef ». En 1975, 58,6 % des femmes de 25 à 49 ans exerçaient une activité professionnelle. Elles sont aujourd'hui près de 80 %. Même élevant trois enfants ayant tous au moins trois ans, elles sont encore 64 % à quitter la maison pour le bureau. C'est que, aujourd'hui, même si les hommes restent largement majoritaires dans les échelons les plus élevés de la hiérarchie, les femmes accèdent de plus en plus aux postes de responsabilité. En 1975, on ne comptait que 17 % de femmes parmi les cadres supérieurs ; on en dénombre aujourd'hui 35 % qui piochent sur leurs temps de loisirs et de sociabilité pour assurer le travail domestique (3 heures par jour en moyenne contre 2 heures pour les hommes) et le suivi des enfants.

Autant dire que les « officiers » d'antan sont de plus en plus nombreux à vouloir déserter le champ de bataille. Dans une enquête réalisée par l'institut CSA pour *Liaisons sociales-Manpower*, huit cadres sur dix entendent aujourd'hui consacrer davantage de temps à leur vie privée et familiale qu'à leur réussite professionnelle. Grands perdants des 35 heures et des politiques fiscales menées en faveur des milieux présumés défavorisés, de plus en plus de cadres ruminent leur rancœur et développent en France une culture du ressentiment qui tend à devenir générale. Philippe d'Iribarne rappelle une vieille règle du code de l'honneur à laquelle les entreprises feraient bien de prêter attention : « Quand on n'est plus en situation de tenir son rang, le sentiment de fidélité à l'égard du seigneur a tendance à faire place à celui de rébellion. » Après la lutte des classes, la lutte des cadres ?

5

La France qui gagne

Le jeudi 20 mars 2003, dans le journal *Le Monde*, un énorme titre ouvrait la page « Entreprises » :

« Les groupes français affichent des pertes historiques en 2002. »

En chapeau, le lecteur effrayé pouvait lire :

« Implantées dans l'industrie ou les services, les trente premières sociétés cotées ont enregistré 28,7 milliards d'euros de pertes cumulées, contre un bénéfice de 8,5 milliards lors de l'exercice précédent. Rarement, l'économie française aura connu une aussi spectaculaire destruction de valeur. »

De quoi alimenter le pessimisme des Français sur les « piteuses » performances des entreprises françaises et conforter l'idée que l'écroulement des marchés financiers leur était en partie redevable.

Il aurait fallu aux lecteurs pressés un peu de temps et une calculette pour corriger cette « spectaculaire » entreprise de désinformation.

Qu'on en juge. Pour illustrer l'article, un tableau présentait de manière détaillée les résultats en 2002 des trente premiers groupes français industriels et de services. En fait, sa lecture attentive montre que 8 entreprises seulement sur 30 ont affiché en 2002 des résultats nets négatifs. Deux, surtout, ont enregistré des pertes abyssales, Vivendi Universal (– 23,3 milliards d'euros) et France Telecom (– 20,7 milliards d'euros), une troisième, Alcatel, présentant des résultats lourdement déficitaires de 4,7 milliards d'euros. En retranchant ces trois pertes du total cumulé des résultats, on aboutit à une autre information qu'on pourrait titrer de cette manière :

« Parmi les 30 premières entreprises françaises implantées dans l'industrie et les services, 27 affichent des bénéfices cumulés de 20,5 milliards d'euros. Rarement l'économie française aura connu une telle création de valeur. »

Mieux encore, en observant le tableau à la loupe, on constate que 13 entreprises sur 30, un peu moins de la moitié, enregistraient en 2002 des résultats en hausse par rapport à 2001.

TABLEAU 36

LES 30 PREMIERS GROUPES FRANÇAIS INDUSTRIELS
ET DE SERVICES

Groupes	Résultats nets (en millions d'euros)	Évolution 2002/2001 (en %)
Total/Fina/Elf	5 941	– 21,5
Carrefour	1 374	+ 8,5
PSA	1 690	– 0,1
France Télécom	– 20 700	ns
Suez	– 863	ns
Renault	1 956	+ 86,1
Saint-Gobain	1 039	– 8,4
Vivendi environnement	339	ns
EADS	– 299	ns
Vivendi Universal	– 23 301	ns
PPR	1 589	+
Arcelor	– 121	111,3

Publicis	147	− 2,6
Casino	445	+ 17,4
Bouygues	666	+ 93,6
Alstom	− 1 330	ns
Aventis	2 091	+ 38,9
Vinci	478	+ 5,3
Alcatel	− 4 745	ns
Michelin	614	+ 96,2
Lafarge	456	− 39,2
L'Oréal	1 456	+ 8,5
Danone	1 283	+ 872
Lagardère	291	ns
LVMH	556	+ 5 460
Sodexho Alliance	183	+ 32,6
Pechiney	− 50	ns
Thales	111	ns
Thomson multimédia	373	+ 30,4
Valeo	135	ns
ns : non significatif		

Les « inconnus » de la croissance

En fait, cette « désinformation », qu'on mettra sur le compte de la précipitation avec laquelle travaillent aujourd'hui les journalistes, conforte l'image que se font des entreprises la majorité des Français. Rarement créditées de nos victoires, elles sont le plus souvent inculpées de nos déboires. Il suffit, pour en prendre la mesure, de parcourir les grands classiques de l'histoire économique de la France. Qu'ils ressortent de l'économie ou de l'histoire, jamais ou presque l'entreprise n'est citée comme facteur explicatif de la croissance. Le mieux en la matière est de citer la conclusion du célèbre « essai d'analyse économique causale de l'après-guerre » publié par Jean-Jacques Carré, Paul Dubois et Edmond Malinvaud.

Après avoir annoncé… en 1972 — l'année précédant le premier choc pétrolier — que, « tout bien pesé, l'extraordinaire développement que la France, et bien d'autres pays, ont connu depuis la dernière guerre ne semble cependant pas devoir se ralentir sensiblement avant pas mal d'années… », les auteurs écrivaient : « Ainsi les facteurs explicatifs sur lesquels nous débouchons au terme de notre étude mettent-ils en jeu les sujets économiques : travailleurs, chefs et dirigeants d'entreprises, responsables de la politique économique. Notre analyse économique devrait donc être complétée par une analyse historique et sociologique qui remonterait plus en amont pour certaines explications. Il faudrait identifier les acteurs sociaux pertinents, étudier leur rôle dans le changement économique, saisir la nature des relations qui les unissent[1]. » Certes ! Si Bourdieu est bien cité dans l'index de cet ouvrage qui tente d'examiner les causes de la croissance des « Trente Glorieuses », on ne trouve mentionné, en revanche, aucun nom d'entrepreneur. C'est faire l'histoire économique de la France en faisant l'« économie », oserait-on dire, de ces inconnus de la performance que sont les créateurs d'entreprises.

Nulle trace de ces hommes, non plus, dans la monumentale *Histoire économique et sociale de la France* dirigée par Fernand Braudel et Ernest Labrousse. Peu de séries statistiques sur la création d'entreprises, dont le mouvement semble pourtant être un bon baromètre du mouvement général des affaires ; rien ou presque sur les petites « affaires », ces entreprises individuelles dont la survie est un des éléments essentiels du renouvellement du tissu industriel ; pratiquement aucun portrait de ces hommes qui, à la décharge des historiens, ne semblent guère avoir voulu faire du bruit.

C'est que, à l'apogée des « Trente Glorieuses », nombreux étaient ceux qui partageaient les prophéties que Joseph Schumpeter avaient émises dans son célèbre ouvrage publié

---

1. J.-J. Carré, P. Dubois, E. Malinvaud, *La Croissance française*, Éditions du Seuil, 1972.

en 1942, *Capitalisme, socialisme et démocratie*. Annonçant « le crépuscule de la fonction d'entrepreneur », le théoricien de l'innovation et de l'esprit d'entreprise écrivait : « Le rôle de l'entrepreneur consiste à réformer ou à révolutionner une invention ou, plus généralement, une possibilité technique inédite... La construction des chemins de fer dans ses premiers stades, la production d'énergie électrique avant la Première Guerre mondiale, la vapeur et l'acier, l'automobile, les entreprises coloniales fournissent des exemples frappants d'une vaste catégorie d'affaires qui en comprend une quantité innombrable de plus modestes — jusqu'à celles consistant, au bas de l'échelle, à faire une réussite d'une saucisse ou d'une brosse à dents d'un type spécifique... La mise en œuvre de telles innovations est difficultueuse..., en premier lieu parce qu'elles se détachent des besognes de routine familières à quiconque et, en deuxième lieu, parce que le milieu économique y résiste par des moyens divers, allant, selon les conditions sociales, du refus pur et simple d'acquérir ou de financer un nouvel objet à l'agression physique contre l'homme qui tente de le produire.

« Pour agir avec confiance au-delà de la zone délimitée par les balises familières et pour surmonter ces résistances du milieu, des aptitudes sont nécessaires qui n'existent que chez une faible fraction de la population et qui caractérisent à la fois le type et la fonction d'entrepreneur... Or, poursuivait le prophète, cette fonction sociale est, dès à présent, en voie de perdre son importance et elle est destinée à en perdre de plus en plus et à une vitesse accélérée dans l'avenir... En effet, d'une part, il est beaucoup plus facile désormais que ce n'était le cas dans le passé, d'accomplir des tâches étrangères à la routine familière – car l'innovation elle-même est en voie d'être ramenée à une routine... D'autre part, la personnalité et la force de volonté doivent nécessairement peser moins lourd dans des milieux qui se sont habitués au changement économique. »

Usant d'une comparaison militaire pour illustrer son propos, Schumpeter voyait l'entrepreneur réduit à la même disparition que le général dont la présence sur le terrain était autrefois décisive sur l'issue de la bataille. De même que le travail d'état-major, spécialisé et rationalisé, était en voie d'effacer la personnalité du chef qui n'avait plus l'occasion de se ruer sur le terrain, de même la position des entrepreneurs était désormais soumise au travail des bureaux et des commissions dont les méthodes permettaient d'anticiper l'évolution des marchés.

« Au romantisme des aventures commerciales d'antan succède rapidement le prosaïsme, en notre temps où il est devenu possible de soumettre à un calcul strict tant de choses qui naguère devaient être entrevues dans un éclair d'intuition générale. »

Si nous avons pris la peine de citer longuement l'analyse et les propos de Schumpeter qui semblent entonner le *requiem* du créateur d'entreprise, ce héros romantique et rebelle inadapté aux nouveaux temps modernes, c'est qu'ils ont sans aucun doute contribué à effacer de nos perspectives le rôle des hommes dont l'action a pourtant été déterminante dans la croissance et le progrès. Mépris des « affaires » et séduction macro-économique ont fait en France bon ménage pour privilégier une approche de l'histoire assez voisine des « prophéties » de Joseph Schumpeter. Une histoire qui a fait la part belle au quantitatif et aux déboires, toujours préférés aux victoires, au capitalisme « managérial » et à l'impératif industriel, aux ingénieurs et aux laboratoires de recherche, à l'État et à ses agents.

Jean Fourastié lui-même, dans ses *Trente Glorieuses*, n'utilisait pas le mot « entreprises » dans le chapitre qu'il consacrait aux « facteurs du changement », comme si la « productivité » à laquelle il attribuait tous les mérites se réalisait en dehors et presque « malgré » elles. Tout au long de ces années, l'immense majorité des historiens et des économistes auraient pu signer ces lignes de l'économiste américain John Kenneth

Galbraith dans *Le Nouvel État industriel*, qu'il faut ici encore citer longuement tant elles expriment l'écart qui s'est creusé entre l'économie telle qu'elle se construit au jour le jour et la façon dont elle a été formalisée par ceux qui sont supposés la comprendre :

« Les hommes qui dirigent aujourd'hui les grandes sociétés sont des inconnus. Personne depuis une génération, en dehors de Detroit ou des milieux de l'industrie automobile, ne sait plus le nom du directeur de General Motors ; il doit parfois, comme le premier venu, décliner son identité s'il fait un paiement par chèque. Il en est de même pour Ford, Exxon et la General Dynamics. Les dirigeants actuels des grandes firmes ne possèdent aucune participation financière importante dans l'entreprise. Ils sont choisis non par les actionnaires, mais par un Conseil d'administration qu'ils ont eux-mêmes, tel Narcisse, choisi à leur propre image. Seule une part minime des actions est effectivement représentée aux assemblées générales, lors des cérémonies où les lieux communs ne le cèdent qu'aux faux-semblants. Quant à la majorité du capital, on la fait voter par procuration pour les administrateurs choisis par la direction. La direction, malgré sa participation négligeable à la propriété de l'entreprise, a celle-ci bien en main : de haute évidence, elle détient le pouvoir[1]. »

Et Galbraith de prédire après Schumpeter et avec tant d'autres :

« Nous sommes entrés dans un système économique qui, quelle que soit sa couverture idéologique formelle, consiste pour une large part en une économie planifiée... Le système planificateur est le trait dominant du nouvel État industriel. »

Domination du plan et disparition de l'initiative individuelle, détrônement du capital et avènement de la technostructure, convergence objective de la grande entreprise et de la production socialiste, disparition de l'entreprise privée traditionnelle et régulation du système par l'État, tel était l'avenir « inéluc-

1. J. K. Galbraith, *Le Nouvel État industriel*, Gallimard, 1968.

table » dessiné il y a trente ans par ceux qui se flattaient de prévoir l'avenir du capitalisme. Des « penseurs » qui, évidemment, affichaient un profond scepticisme à l'égard de l'économie de marché et une admiration plus ou moins voilée pour le modèle soviétique à l'heure où les États-Unis étaient contraints de dévaluer leur dollar.

C'est Fernand Braudel qui écrivait à propos de l'URSS dans sa *Grammaire des civilisations* : « Mais à supposer que le but économique n'ait pas été entièrement atteint, il est sûrement en vue... L'annonce d'un plan de vingt ans qui conduira l'URSS aux félicités de la société communiste n'est pas un vain projet. » C'est Hansen, conseiller économique du président Kennedy et grand économiste keynésien, qui écrivait : « La tendance de la croissance du PNB à prix constant est de 3 % par an aux États-Unis depuis trente ans. Les recherches les plus compétentes sur l'URSS nous apprennent que ce taux est de 7 % en URSS. Le système soviétique est capable de maintenir des taux de croissance supérieurs à celui des États-Unis parce qu'il permet un investissement à long terme très proche du "plein investissement". Finalement, les Russes peuvent maintenir un taux de croissance supérieur au nôtre parce qu'ils sont capables d'affecter à la croissance une plus forte proportion du PNB qu'il est possible de le faire aux États-Unis. »

En 1986 encore, l'économiste américain Alec Nove écrivait à propos de l'Union soviétique : « Les pénuries, la corruption et la confusion semblent endémiques et la croissance a cessé. Mais l'Ouest aussi fait face à des problèmes graves, avec une croissance zéro, l'inflation, le chômage et la perspective de crises majeures... Il est légitime de se demander s'ils sont dans un désordre pire que le nôtre. N'ont-ils pas des avantages "systémiques" aussi bien que des faiblesses ? Ces dernières n'ont-elles pas été exagérées ?... Où va l'économie soviétique si aucune réforme majeure n'est adoptée ?... Il n'y a aucune catastrophe imminente, le système n'est pas en situation de chaos, la qualité de sa planification et de sa production ne

décline pas. En fait, la qualité est en train de s'améliorer…
Les gens ne vont pas plus mal… Même si la croissance reste
au niveau modeste de 3 % par an pendant les prochaines
années (ce qui me paraît constituer une prévision raisonnable),
cela peut contraster favorablement avec les économies occi-
dentales. »

Cette prévision était publiée trois ans avant la chute du mur
de Berlin !

Certes, il est facile, pour ceux qui connaîssent la fin de l'histoire, d'ironiser sur les « piteuses » prévisions de ceux qui pré-
disaient au socialisme planifié des lendemains qui chantent.
Telle n'est pas ici l'intention de celui qui a enseigné lui aussi
ce genre de sottises. Ce qu'il faut surtout retirer de cet aveu-
glement collectif, c'est qu'il a largement contribué à l'igno-
rance ou au scepticisme des Français à l'égard des performances
économiques de la France au cours des « nouvelles Trente Glorieuses ». Dans la mesure où cette croissance s'est accompagnée d'un retour en force du marché, d'un déclin de l'industrie
et d'une incapacité croissante de l'État à gérer ce qui devient
de plus en plus imprévisible, elle ne pouvait qu'être, au mieux
incompréhensible, au pire malsaine.

Reste qu'il faudra tenter de répondre à cette lancinante
question : pour quelles raisons les Français sont-ils aussi hostiles au marché et aux « patrons », qui ne sont pas tous barons ?
Évidemment, les rémunérations perçues par les patrons des
sociétés du CAC 40 n'ont guère contribué à arranger l'affaire.
En moyenne, en 2002, les 473 premiers dirigeants du CAC
ont perçu en moyenne chacun 2,5 millions d'euros, soit un
total de près de 1 200 millions d'euros (7,8 milliards de
francs). Une somme qui choque à juste titre tous ceux qui
pensent que c'est honteux de gagner tant d'argent, surtout
quand ces patrons s'appellent Jean-Marie Messier (ex-Vivendi
Universal).

Mais cette somme doit aussi être mise en situation. Est-il
mérité que Zidane touche 6 millions d'euros par an, soit
440 Smic, soit aussi le salaire de Lindsay Owen-Jones, le patron

de L'Oréal ? Est-il justifié que le Brésilien Ronaldinho signe un contrat lui garantissant 4,5 millions d'euros de salaire annuel au F. C. Barcelone, soit deux fois la rémunération annuelle du patron de Danone ? Est-il naturel qu'André Luiz, obscur milieu de terrain du PSG, perçoive jusqu'en 2007 un salaire annuel de 1,3 million d'euros, soit l'équivalent de la rémunération de Bertrand Collomb, le patron de Lafarge, le numéro 1 du ciment mondial ? Est-il choquant que les 473 dirigeants des 40 plus grandes entreprises françaises perçoivent finalement 1,4 % du chiffre d'affaires total de ces entreprises (qui s'est élevé à 815,4 milliards d'euros en 2002) alors que l'État en prélève près de 20 % au titre de la TVA ? Est-il choquant que les 39 principaux PDG français révèlent une rémunération intégrale de 7,4 millions d'euros, soit, pour la totalité d'entre eux, 0,28 % du chiffre d'affaires des entreprises qu'ils dirigent ? Telle est la seule question qui mérite d'être posée. Un Jean-Marie Messier ne doit pas être l'arbre qui cache la forêt.

Les nouvelles branches du capitalisme français

Une forêt dont la composition a été fortement bouleversée au cours des trente dernières glorieuses. Présentée fréquemment comme un nain parmi les géants, l'entreprise française, souvent dénigrée, s'est transformée à marche forcée. Plusieurs signes démontrent l'intense chambardement qui l'a affectée et dessinent un portrait moins conventionnel du paysage entrepreneurial français.

À suivre tout d'abord les performances des 100 premières entreprises françaises, on mesure à quel point elles ont été les moteurs de la croissance et de... l'emploi. En 1977, elles avaient réalisé un chiffre d'affaires de 823,4 milliards de francs, soit 389 milliards d'euros d'aujourd'hui. En 2001, c'est un chiffre d'affaires de 1 309 milliards d'euros que les 100 premières entreprises ont affiché. En vingt-cinq ans, il a donc été multiplié par 3,3 alors que, dans le même temps, le PIB de la France, en monnaie constante, a été multiplié par 1,6. Force est bien de constater que la grande entreprise cotée en Bourse a créé deux fois plus de richesses que l'entreprise France, prise dans son ensemble. Mieux et sans doute surprenant pour tous ceux qui ne prennent pas le temps de dépouiller les bilans de ces mêmes entreprises : elles employaient en 1977 un peu plus de 3 millions de salariés ; elles en emploient aujourd'hui 5,3 millions. L'emploi a bien été au rendez-vous de leur croissance et, tout compte fait, leurs dirigeants n'ont pas si mal « volé » leur rémunération.

Pour certaines d'entre elles, ce n'est plus même de croissance qu'il faut parler, mais de feu d'artifice.

Sur les 100 premières entreprises mondiales industrielles et de services, la France pointe désormais au 4e rang avec 8 groupes, derrière les États-Unis qui écrasent l'ensemble avec 42 groupes, puis le Japon avec 21 groupes et l'Allemagne avec 11. Sur les 50 premières banques du monde, la France pointe au 2e rang mondial (avec 7 banques), derrière les États-Unis (avec 10), mais devant l'Allemagne et le Royaume-Uni qui en comptent 6. Sur les 50 premières compagnies d'assurances du monde, elle se hisse au 2e rang mondial avec 5 entreprises, derrière les États-Unis (17) et à égalité avec l'Allemagne et le Royaume-Uni. En Europe, avec 46 groupes classés parmi les 200 premiers Européens, elle devance en 2002 l'Allemagne (45) et le Royaume-Uni (43). Mieux encore, l'étude publiée en juin 2003 par le magazine américain *Forbes Global* devrait donner du baume au cœur à ceux qui se contenteraient de la lecture du *Monde*. Cherchant à établir la liste des entreprises les plus « performantes » au monde en 2002-2003, ce magazine a recensé cinq critères : la croissance des ventes, l'évolution du résultat, la rémunération du capital, la performance des actions sur l'année écoulée et les attentes des analystes pour le bénéfice par action pour l'année à venir. Sans grande surprise, les États-Unis arrivent en tête du « concours » en comptabilisant 156 sociétés parmi les

TABLEAU 37

ÉVOLUTION DU CHIFFRE D'AFFAIRES
(en milliards d'euros de 2001)

	1977	2001	Croissance (X par)
Total/Fina/Elf	38	105	2,7
PSA	19,7	51,6	2,6
Renault	23,2	36,3	1,5
Saint-Gobain	15	30,3	2
Michelin	8,5	15,7	1,8
BSN	6	14,4	2,4
Carrefour	5,8	69,4	11,9
Air France	4,6	12,5	2,7
Havas	3,5	14,9	4,2
Air Liquide	3,2	8,3	2,6
Casino	3,2	21,9	6,8
Lafarge	2,9	13,6	4,7
L'Oréal	2,2	13,7	6,2
Auchan	2	26,1	13
Pernod-Ricard	1,8	4,5	2,5
Publicis	1	16,6	16,6
Sodexho	0,3	11,9	39,6

400 premières. Mais la surprise vient de la France qui se classe en 2ᵉ position avec 34 sociétés, suivie par le Japon qui comptabilise 25 entreprises.

Plus significatif encore, alors que la *World Company* devient l'image caricaturale qu'a le public du monde de l'entreprise et que les fusions-acquisitions semblent accréditer l'image d'une course effrénée vers le profit maximal et le licenciement assuré, c'est plutôt l'ascension sans fanfare de voltigeurs de la croissance qu'il faut saluer. Ainsi, sur les

TABLEAU 38

LES ENTREPRISES FRANÇAISES
LES PLUS PERFORMANTES

1	Total/Fina/Elf	18	CNP
2	Axa	19	Crédit lyonnais
3	Carrefour	20	Bouygues
4	BNP Paribas	21	Vinci
5	Vivendi Universal	22	Michelin
6	Peugeot	23	Danone
7	Crédit agricole	24	L'Oréal
8	France Télécom	25	Lafarge
9	Suez	26	CIC
10	Renault	27	Christian Dior
11	Société générale	28	Air France
12	Saint-Gobain	29	Sodexho
13	Pinault-Printemps- La Redoute	30	Pechiney
		31	Thomson
14	Alcatel	32	Thalès
15	Alstom	33	Valeo
16	Aventis	34	Schneider Electric
17	Rallye		

Source : *Forbes Global*, 5 juin 2003.

entreprises d'industrie et de services qui se classent aujourd'hui entre le 100ᵉ et le 200ᵉ rang, avec un chiffre d'affaires compris entre 800 millions et 1,6 milliard d'euros, un tiers pour le moins ne faisait pas partie des 1 000 premières entreprises françaises en 1977. Certaines d'entre elles sont par ailleurs leaders sur leur marché, mais peut-on intéresser les gazettes quand on est leader mondial des plaques bitumées (Onduline), leader mondial des flacons de parfum (Pochet du Courval), leader mondial des logiciels d'aide à la décision

(Business Objects), leader mondial des chariots élévateurs tout-terrain (Manitou), leader mondial des plants de roses (Meilland), leader européen de la décoration de jardin (Nortène), leader européen des connecteurs coaxiaux (Radial), leader européen de la semence en plantes fourragères (RAGT), leader européen de la meunerie et de la maïserie (Soufflet), leader européen et troisième mondial de la volaille (Doux) ?

La France qui entreprend

C'est que, en France, pour occuper la « une » des médias et faire parler de soi, mieux vaut être sans-papiers, casseur-paysan ou intermittent du spectacle que créateur d'entreprise. Pourtant, contrairement à une idée encore trop largement reçue, les envies d'entreprendre sont très vives au pays des 35 heures et de la RTT. Selon un sondage réalisé par l'Agence Pour la Création d'Entreprises (APCE), près d'un salarié du privé sur deux souhaiterait créer une entreprise. Mieux, invités à citer les parcours professionnels qu'ils jugent les plus intéressants, un tiers des Français, et près de la moitié des 18-24 ans, placent en premier lieu le fait de créer son entreprise. De quoi envisager l'avenir avec sérénité lorsqu'on sait, par exemple, que les entreprises créées en 2000 ont entraîné la création de 539 000 postes de travail, dont près de la moitié sont des emplois salariés. Aujourd'hui, le tiers des salariés de l'industrie, du commerce et des services sont employés dans des entreprises de moins de dix ans !

Certes, ces envies créatrices se concrétisent difficilement et les échecs sont nombreux, mais le portrait trop convenu d'une France frileuse excessivement amoureuse de la sécurité qu'offre la fonction publique mérite d'être retouché. En fait, si le nombre d'entreprises créées diminue régulièrement depuis plusieurs années, surtout dans l'industrie, le taux de continuité de ces entreprises est équivalent à celui des autres pays développés. Cinq ans après leur création, 46 % des nou-velles entreprises existent toujours, même si neuf sur dix ont moins de cinq salariés. À cet égard, si la France avait la même « créativité » que la Seine-Saint-Denis, qui enregistre le meilleur score national en matière de création d'entreprises avec un taux de 7,68 %, largement supérieur à la moyenne nationale (5,4 %), il n'y aurait aucun souci pour l'avenir. C'est que, dans une France où l'ascenseur social par l'école ne fonc-tionne plus, et la Seine-Saint-Denis en est un cruel exemple, la création d'entreprise est devenue l'une des meilleures chan-ces de réussir. 43 % des créateurs ou repreneurs d'entreprise annuels sont employés ou ouvriers, et 10 % sont issus de l'immigration. À cet égard, le goût du risque protège certai-nement mieux du chômage et de la déprime qu'un DEUG de psychologie !

On n'en finirait pas de multiplier ces exemples de *self-made men* à la française, une expression pourtant labellisée US. C'est Yves Weisbuch, enfant d'un père mort en déportation, pupille de la nation, embauché comme vendeur chez le fabri-cant de cartes à jouer La Ducale au début des années 1960, qui est devenu PDG de Frances Cartes, numéro 2 mondial de la carte à jouer. C'est Patrice Collet, fils d'ouvrier, titulaire d'un CAP d'électricien, engagé à 17 ans dans l'armée de l'air puis entré à Thomson-CSF, qui préside aujourd'hui Taxicolis, un groupe de 500 personnes et 88 millions d'euros de chiffre d'affaires, leader français des transports de produits radioactifs à usage médical. C'est Régis Gouyou, titulaire d'un CAP de tailleur de pierre en 1968, qui après onze années passées aux Chantiers modernes fonde avec un capital initial de 3 000 euros sa propre société dans son garage de Gradignan, ECCTA (Étude Contrôle Coordination Travaux d'Aquitaine), qui emploie aujourd'hui une cinquantaine de personnes, réalise un chiffre d'affaires de 6 millions d'euros et gère les parkings des berges de la Gironde à Bordeaux ou la gestion de la centrale de carburant du superjumbo d'Airbus aux côtés d'Exxon et SPIE. C'est Michel Bourrel, nanti d'un CAP d'ajusteur, entré en 1966 comme dessinateur chez le fabricant de briquets Flaminaire qui, en 1984, ouvre sa première cave à vin à La Baule puis crée le groupement Caravin, qui dépasse les 100 points de vente et réalise 7 millions d'euros de chiffre d'affaires.

Au-dessus mais dans le même esprit que ces autodidactes entrepreneurs, il est aussi des réussites spectaculaires qui démontrent jusqu'à la caricature que des Français peuvent être, aujourd'hui comme hier, des pionniers d'exception. Le samedi 15 juin 1963, à Sainte-Geneviève-des-Bois, dans la banlieue sud de Paris, par un temps pluvieux, une foule s'engouffre dans un magasin de 2 500 mètres carrés de surface de vente, soit trois à cinq fois les plus grands supermarchés de l'époque. Sur l'enseigne, on peut lire « Carrefour ». Dès le premier jour, le pari est gagné : 2 500 clients ont dépensé en moyenne 28 francs, soit trois fois plus que dans les supermarchés classiques. En six mois, le magasin enregistre 18,6 millions de francs de ventes, et le coût initial, 3,5 millions de francs, est amorti en trois ans.

À l'origine de l'entreprise qui, quarante années plus tard, pointe au 26ᵉ rang mondial des groupes industriels et de services et au 2ᵉ rang mondial des entreprises commerciales, avec un chiffre d'affaires de 69 milliards d'euros et plus de 380 000 salariés, deux commerçants qui ont constitué en juin 1959 une société dont le capital se compose de 7 000 actions de 10 000 anciens francs chacune, souscrites par dix personnes physiques ou morales. Ce capital de 70 millions d'anciens francs correspond à environ 950 000 euros actuels, le prix d'un appartement bourgeois dans un quartier cossu de Paris. Marcel Fournier est le plus jeune des deux. Fils d'une lignée de commerçants installés à Annecy depuis 1822, il développe l'entreprise familiale devenue le « Grand Magasin de Nouveautés Fournier et Cie » et n'hésite pas, nouveauté incongrue, à distribuer des prospectus et à multiplier dans le *Dauphiné libéré* des annonces publicitaires accrocheuses du type : « un choix inouï », « des prix surprenants ».

Louis Defforey est le second. À l'origine de la famille, une petite épicerie montée par François Joseph Defforey, un paysan qui a perdu une jambe dans la retraite de Russie en 1812 et qui a obtenu en « dédommagement » un bureau de tabac à Lagnieu. Les enfants de l'unijambiste ont développé le commerce de gros. À la veille de la Seconde Guerre mondiale, l'entreprise approvisionne plus de 1 200 épiciers dans la région de Lagnieu et de Bourgoin.

De la rencontre entre Louis Defforey et Marcel Fournier, âgés respectivement de 68 ans et de 45 ans, naît donc en 1959 la société Carrefour Supermarché. « Carrefour » parce que le premier supermarché, situé à Parmelan, dans un quartier périphérique d'Annecy, se trouvait sur une place vers laquelle convergeaient cinq routes. Un magasin de 650 mètres carrés qui semblait énorme et qui s'est immédiatement révélé trop étroit. C'est qu'une erreur a été commise : situé au rez-de-chaussée d'un immeuble, le magasin ne dispose que de vingt places de parking, ce qui provoque des embouteillages permanents. Les fondateurs de Carrefour sont donc contraints d'acheter un terrain, en face du magasin, pour y construire un parking sur lequel British Petroleum désire installer une station-service. Mais devant l'exigence de Denis Defforey, le fils de Louis, directeur général de Carrefour, d'un prix de vente de l'essence inférieur au prix usuel, BP renonce. Ce qui donne l'idée aux dirigeants de la jeune entreprise d'installer des pompes à essence pour vendre du carburant sans marque, à un prix inférieur de 5 centimes.

En 1963, nos épiciers savoyards vont faire beaucoup plus grand, quelque chose de jamais vu et que même les Américains n'ont pas « osé » tenter : faire côtoyer sous le même toit l'alimentaire et le non-alimentaire. Or c'est bien la formule qui fera la fortune de l'« hypermarché à la française ». La construction du magasin de Sainte-Geneviève, la première « usine à distribuer », comme l'appellent les journalistes de l'époque, est confiée à un jeune entrepreneur qui n'a pas encore de nom, Francis Bouygues. L'« usine » compte

1 700 mètres carrés, 18 caisses de sortie et un parking qualifié de gigantesque dans la mesure où il compte 450 places. Le rayon boucherie mesure 15 mètres, celui de la crémerie plus de 10 mètres, des dimensions jugées « inouïes ». Innovation majeure, l'atelier de boucherie est visible depuis le magasin. Le non-alimentaire offre plus de 15 000 articles. Délibérément austère, le magasin se veut « spartiate ». Rompant avec la sacro-sainte fermeture du déjeuner, il est ouvert sans interruption de 10 heures à 22 heures. Mieux, il reste ouvert le dimanche matin.

Un an après Sainte-Geneviève-des-Bois, Carrefour ouvre un magasin similaire à Villeurbanne. En 1966, à Vénissieux, Carrefour invente un nouveau Carrefour : 9 500 mètres carrés de surface de vente, 2 000 places de parking, 50 caisses alignées, 2 500 caddies.

En 2003, au moment où Carrefour fête les 40 ans de l'ouverture de Sainte-Geneviève-des-Bois, l'entreprise, qui a fusionné en 1999 avec Promodès, un autre « géant » de la grande distribution développé par une famille normande, la famille Halley, pointe au 2ᵉ rang mondial des entreprises commerciales avec un chiffre d'affaires de près de 70 milliards d'euros (derrière l'Américain Wal-Mart qui en assure 252,9), 1 320 fois le chiffre de 1963 (53 millions d'euros). Les deux familles fondatrices, qui disposent encore de plus de 5 % du capital, ont une fortune estimée à plus de 2,6 milliards d'euros (17 milliards de francs), près de 3 000 fois le capital qu'elles avaient engagé en 1959 dans l'affaire. Enfin, le « groupe » qui salariait 300 employés en 1963 totalise, au 31 décembre 2001, 382 821 collaborateurs, dont 128 854 en France. Carrefour est aujourd'hui le plus gros employeur privé de France devant Sodexho Alliance qui comptabilise, quant à lui, 313 469 collaborateurs.

Trois années après l'ouverture du premier Carrefour à Sainte-Geneviève-des-Bois est fondée à Marseille une *start up* avant la lettre. « Il y avait un petit local dans l'usine de conserves de mon oncle. J'ai loué une camionnette Peugeot bleue, j'ai acheté une cuisine et je me suis mis à travailler », se souvient Pierre Bellon. Petit-fils d'un employé aux écritures qui avait le goût d'entreprendre et avait eu l'occasion de créer son entreprise, élevé chez les Jésuites et une première fois recalé au bac, admis à HEC en 1954 « parce qu'il ne savait pas quoi faire », officier de marine au cours de son service militaire, il intègre l'entreprise familiale, une PME qui assure l'approvisonnement des bateaux de ligne. Pressentant que la concurrence de l'aviation va tuer ce métier, il annonce à son père qu'il veut créer son « affaire » dans la restauration collective et que, à l'heure où les salariés n'ont plus le temps de rentrer déjeuner chez eux, les restaurer sur leur lieu de travail est un projet qui a de l'avenir. L'entreprise, qui prend pour nom Sodexho (Société d'exploitation hôtelière) parce que le père ne veut pas que le nom de la famille puisse être mêlé à une possible faillite, démarre avec 100 000 francs (106 000 euros d'aujourd'hui) et un premier contrat, le chantier du Commissariat à l'énergie atomique de Pierrelate. En 1966, elle obtient le droit de « ramasser les poubelles » sur le site du CNES (Centre National d'Études Spatiales) en Guyane et de gérer une supérette à Kourou. En 1968, elle s'installe en région parisienne, signe un contrat avec Thomson et ouvre son premier restaurant scolaire à Paris. Elle entame aussi son développement international en créant Sodexho Belgique. Comme pour Carrefour, la gestion est « spartiate ». Un des premiers gérants se souvient avoir dormi pendant les premières semaines dans un des bureaux de la rue de Courcelles, à Paris, pour ensuite prendre une chambre dans un hôtel de passe. En 1970, la société commence son implantation dans le secteur hospitalier et débute en 1974 son activité de gestion des Bases-Vie pour les compagnies pétrolières en Arabie Saoudite. En 1977, elle pointe au 24e rang des entreprises françaises de services avec un chiffre d'affaires de 726 millions de francs (343 millions d'euros d'aujourd'hui), un bénéfice de 2,8 millions de francs (1,3 million d'euros) et 8 737 employés.

En 1983, après une OPA manquée sur le pionnier et grand rival de la restauration collective, Jacques Borel, Sodexho est introduit en Bourse sur le second marché puis en 1984 sur le prestigieux marché à règlement mensuel. L'année suivante, l'entreprise qui est devenue le n° 1 de la restauration collective en France s'implante sur le marché américain. En 1989, elle est devenue le n° 4 mondial de la branche. En 1995, elle rachète le n° 1 de la restauration collective en Europe, le britannique Gardner Merchant puis, coup d'éclat, s'allie en 1998 avec la branche restauration du géant américain Marriott Services avant de racheter la totalité du capital. Aujourd'hui, le groupe qui est devenu la première entreprise de services au monde réalise un chiffre d'affaires de 12,6 milliards d'euros et emploie 315 000 personnes dans 74 pays. Trente-sept ans après la fondation de son entreprise, la famille Bellon pointe au 16e rang des fortunes françaises avec une fortune professionnelle estimée à 1,6 milliard d'euros (11 milliards de francs), 1 600 fois la mise de fond initiale. Pierre Bellon, quant à lui, est le patron du CAC 40 le moins bien payé, 500 000 euros par an hors stock-options, moins de la moitié du salaire annuel d'André Luiz, l'« illustre » milieu de terrain du PSG. Difficile pourtant de faire reconnaître sa « valeur » quand on est « le roi des cantines », comme l'écrivent à satiété les journalistes en mal de titres accrocheurs.

Familles, je vous aime

Dans un monde qui se décompose et se recompose à l'envi, ces histoires exemplaires soulignent par contraste les vertus de l'entreprise familiale. Stratégie de long terme plus que recherche du profit à court terme, indépendance et souci plus affirmé des hommes hérité de leurs ancêtres paternalistes, éthique personnelle que les partisans des « licenciements minute » jugent désuète, elles font un retour en force qui est en même temps celui d'un certain capitalisme « à la française ».

Naguère décriées pour malthusianisme et frilosité, elles insufflent en fait à la France une compétitivité que personne n'avait jusque-là soupçonnée. Si Carrefour et Sodexho ont en commun d'être toujours contrôlées de manière significative par les familles fondatrices, il en va de même pour Auchan, Bic, Bolloré, Bouygues, Dassault, Galeries Lafayette, Hermès, L'Oréal, Lagardère, La Société du Louvre, LVMH, Michelin, Pernod-Ricard, Peugeot, Pinault-Printemps-Redoute, Remy Cointreau ou encore SEB, des entreprises dont les performances contrastent avec celles de Vivendi Universal, Alcatel ou France Télécom. Sur les 250 plus grosses sociétés cotées à la Bourse de Paris, plus de la moitié appartiennent à la sphère du capitalisme familial, et l'on estime qu'à elles seules elles réalisent entre 60 % et 70 % de l'activité économique française.

Créé par Oddo Asset Management, l'indice qui retrace les performances boursières des sociétés familiales en est une belle illustration. Par rapport au SBF 250, l'indice global de la Bourse de Paris, la différence de performance est très nette. Entre 1990 et fin 2002, les sociétés de l'indice Oddo ont gagné plus de 11 % par an contre un peu plus de 6 % pour les autres sociétés du SBF 250. Résultat, les sociétés familiales ont plus que triplé leur valeur en douze ans, tandis que le SBF qui intègre ces mêmes sociétés ne parvient pas à doubler la sienne sur la même période.

Oddo Asset Management a également créé un fonds commun de placement dédié aux entreprises familiales, Oddo Génération, dont les capitaux sont investis en priorité dans des entreprises contrôlées par des personnes physiques qui ont l'essentiel de leur fortune dans la société et disposent d'un pouvoir de nomination et de révocation sur le management. Le taux de rentabilité des capitaux investis dans ces sociétés atteint plus de 17 % en moyenne contre seulement 11,2 % pour les sociétés du SBF 250. De plus, elles affichent une croissance plus forte de leur bénéfice, 14,1 % contre 8,9 % en moyenne sur les cinq dernières années.

Contrairement à ce que prévoyait Schumpeter, le capitalisme a bel et bien survécu, mais il l'a fait en ressuscitant des valeurs brocardées au temps des premières Trente Glorieuses : prudence, culture du sou, autofinancement, défense sourcilleuse du patrimoine. Pierre Peugeot, président du conseil de surveillance de PSA-Peugeot-Citroën, n'a-t-il pas déclaré que sa famille, qui possède 26,46 % du groupe automobile, envisageait de détenir à terme la moitié du capital ? Alors que les gros titres de l'actualité pourraient faire croire à des fusions-acquisitions toujours plus importantes, on observe au contraire que c'est la moyenne dimension qui est la plus efficace. À l'heure où un artisan dispose désormais de la puissance de calcul qui était naguère réservée à des entreprises employant des milliers de salariés, la taille n'est plus un argument décisif. C'est Hugues du Rouret, président de Shell-France, qui observait en 1995 : « Je crois qu'il ne faut pas trop mettre en avant le problème du capital... Aujourd'hui, on est plus efficace dans une entreprise indépendante dont on suscite la création : sur les sites industriels d'un groupe comme le nôtre, il y a deux tiers de PME. Quand on remonte au niveau du marketing, on a de plus en plus recours à des agents, donc il y a de plus en plus de désintégration de la verticalisation. Des gens qui ont peu de capital mais qui ont un intérêt direct au développement de l'entreprise, et qui sont beaucoup plus agressifs et beaucoup plus capables de lutter contre votre compétiteur dans le même secteur. Donc cette évolution permanente fait que la grande entreprise arrivera à un état-major de plus en plus réduit, un ensemble de comités stratégiques qui deviendront des animateurs de milliers de petites entreprises. En France, nous avons 60 participations ou filiales qui elles-mêmes animent un tissu de 10 000 petites entreprises. Donc même une grande entreprise qui a un grand passé est condamnée à avoir une flexibilité de plus en plus grande et à devenir un animateur d'un tissu très large de petites et moyennes entreprises[1]. »

1. *Entreprises et Histoire*, avril 1992, n° 1.

Ainsi, les projecteurs braqués sur la *World company* mettent en lumière des idées fausses qui correspondent aux réalités d'il y a un demi-siècle. L'époque où Jean-Jacques Servan-Schreiber préconisait une politique industrielle pour l'Europe consistant à choisir les 50 ou 100 entreprises que les pouvoirs publics pourraient encourager et qui, une fois qu'elles auraient suffisamment grandi, seraient devenues des leaders mondiaux de la technologie dans leurs domaines respectifs. Version continentale des « champions nationaux » qui, en France, avaient la faveur des ministères et des gouvernements puisqu'il était admis comme axiome que la grande taille était source de créativité et de compétitivité dans une économie mondialisée. À cet égard, on peut se demander ce qui serait advenu de l'industrie américaine des ordinateurs et des semi-conducteurs si IBM avait été sélectionnée comme champion national des États-Unis aux alentours de 1980 et avait été, en conséquence, protégée des menaces d'Apple, de Microsoft et d'Intel !

Alors que les cessions et les purges pratiquées par les grands groupes sont interprétées comme autant de preuves d'une course aveugle au profit, elles s'inscrivent au contraire dans une logique qui ne fera que se renforcer. L'objectif aujourd'hui, et la tendance du siècle qui s'ouvre, est de se recentrer sur le métier principal, d'éliminer les infrastructures massives et les grands équipements trop coûteux pour leur performance, de répondre à une demande de plus en plus individuelle et de moins en moins collective. Les avatars récents de Vivendi Universal et de France Télécom sont là pour démontrer que la course à la taille mondiale n'est pas le meilleur garant de l'efficacité.

Paradoxalement, ce sont autant de bonnes nouvelles pour la France qui a su, plus que d'autres pays, maintenir un tissu particulièrement important d'entreprises familiales, c'est-à-dire d'entreprises où la « culture du sou », celle du propriétaire, est élevée au rang de principe. En France, ces entreprises qualifiées de « patrimoniales » constituent la catégorie la plus importante des entreprises françaises. En 2001, on en comptait 13 610 employant 4 263 100 salariés et réalisant un chiffre d'affaires d'environ 1 000 milliards d'euros, soit un peu moins seulement que les 100 premières entreprises industrielles et de services. Elles sont la force économique de la France, le vivier des futures grandes et le laboratoire privilégié de l'innovation.

En 1996, l'une d'entre elles a fêté son bicentenaire. Leader mondial du marché du hameçon, cette entreprise franc-comtoise est dirigée depuis deux siècles par une famille qui a toujours su défendre l'identité de l'entreprise, en évitant que des besoins financiers ne l'obligent à s'endetter ou à ouvrir son capital. D'abord marchands de fer, puis reconvertis dans la spécialisation plus rentable de vis, de boulons et de rivets, les Viellard-Migeon se spécialisent au lendemain de la Seconde Guerre mondiale dans la fabrication des hameçons pour la pêche de loisir. Trop petits par leur chiffre d'affaires pour entrer dans le top 1000, cette entreprise familiale, qui emploie 230 salariés à Morvillars, dans le territoire de Belfort, et fabrique 4 millions d'hameçons par jour, illustre à sa manière l'exceptionnelle singularité de ce capitalisme familial qui a su faire face aux impératifs des temps modernes.

En 2004, une autre de ces familles fêtera son tricentenaire. Son histoire commence modestement avec l'acquisition, en 1704, de la forge de la Rodolphe à Hayange, près de Thionville, par Jean-Martin Wendel. Son fils Charles et son petit-fils Ignace agrandissent l'héritage. Technicien doué, esprit inventif, homme des Lumières, ce dernier est l'un des premiers à expérimenter la fonte au coke avant de créer, à la demande du roi Louis XVI, la fonderie du Creusot. Restée seule à la tête de la famille depuis la mort de Charles, sa veuve Marguerite d'Hausen tente de sauvegarder ses intérêts pendant la tourmente révolutionnaire. En vain. Elle est arrêtée le 5 avril 1794, à 74 ans, puis relâchée le 24 février 1795, mais les biens ont été vendus comme bien national. En 1803, François de Wendel, l'arrière-petit-fils du fondateur, les rachète et entreprend de reconstituer la maison. Reprenant le chemin qu'avait suivi son père François-Ignace, il part en Angleterre, se fait engager comme simple ouvrier, note ce qu'il voit, débauche quelques ouvriers et les ramène en Lorraine pour équiper ses forges des techniques les plus modernes. En 1822, le premier haut-fourneau à coke est mis à feu à Hayange. À sa mort, à 47 ans, le 11 mars 1825, c'est une autre femme, Joséphine de Fischer de Dicourt, Mme François de Wendel, qui sauvegarde les intérêts de l'entreprise. Le 3 décembre 1871, alors que la défaite française et l'annexion de la Lorraine par l'Allemagne représentent un choc terrible pour la famille dont les installations se retrouvent désormais en territoire allemand, elle constitue la société « Les Petits-Fils de François de Wendel et Cie ». Redoutant que, « son décès arrivant, d'immenses entreprises pourraient être interrompues et des établissements nombreux et de natures diverses, mais destinés à former un grand ensemble industriel, seraient morcelés ou probablement livrés à la dépréciation par les nécessités d'un partage immédiat et d'aliénations prématurées », elle prend les dispositions nécessaires pour que la société soit formée des seuls descendants de François de Wendel et que ses actions ne puissent être dispersées.

Ici, si l'on vit confortablement, l'« argent » est surtout utilisé pour développer les entreprises familiales. Chef de la « Maison » de 1906 à 1949, François II de Wendel, président pendant vingt-deux ans du Comité des Forges, devient la cible idéale et le fantasme privilégié de tous ceux qui attribuent des pouvoirs démesurés à ce « baron » du fer. Aujourd'hui, c'est un autre « baron » qui a reconstruit la fortune de la famille sur des bases nouvelles. Descendant de François de Wendel par sa mère Renée de Wendel, attiré comme tous ses ancêtres par la vie politique, il préside Wendel Investissement, avec le nom et la structure familiale où l'on dénombre aujourd'hui 765 membres, descendants des neuf « Petits-Fils » de Martin. Présent dans l'industrie, Wendel Investissement bascule progressivement dans l'activité de services. Son président et « chef de famille », Ernest-Antoine Seillière, était finalement assez bien placé pour parler au nom des entreprises qui ont assuré la grande mutation de l'économie française au temps des « nouvelles Trente Glorieuses ». « Il n'y a pas de capitalisme qui ne soit pas familial, aime-t-il à déclarer. L'anomalie du capitalisme, c'est le marché. » Au-delà de la formule, force est de constater que c'est largement grâce aux familles que la France a su gagner le défi de la mondialisation.

6

La France qui s'ouvre

« La France, antimondialiste dans ses tripes et ses réflexes immédiats, est aussi aujourd'hui l'un des pays les plus extravertis, les plus exportateurs et les plus mondialisés ! C'est pour moi un sujet d'étonnement permanent. »

L'économiste Elie Cohen n'est pas le seul à relever ce paradoxe. En fait, comme l'ont observé tous ceux qui ont scruté de plus près la place de la France dans le monde, il semble bien que le pays qui s'oppose le plus bruyamment à la mondialisation est en même temps celui qui s'y adapte le mieux. En 1989, sur les 26 premières sociétés françaises du CAC 40, 6 réalisaient les deux tiers de leur chiffre d'affaires à l'étranger ; on en compte aujourd'hui 20. La France qui s'émeut pour le sort de José Bové, défend son roquefort et son « exception culturelle », est en même temps le pays dont l'ouverture au monde a été la plus spectaculaire. Il suffit, pour en prendre la mesure, d'observer la part du chiffre d'affaires réalisé à l'étranger par les entreprises françaises, qu'elles soient grandes ou moyennes. En moins de trente ans, l'ouverture n'est pas exceptionnelle, elle est explosive.

Surtout, l'éclosion massive de ces « world companies » françaises ne doit pas masquer le fait que cette internationalisation est aujourd'hui aussi le fait des moyennes et petites entreprises qui ont joué un rôle stratégique dans cette

TABLEAU 39

POURCENTAGE DU CHIFFRE D'AFFAIRES
À L'ÉTRANGER DES PREMIERS GROUPES FRANÇAIS
INDUSTRIELS ET DE SERVICES

	1977	2001
Total/Fina/Elf	55	79
Carrefour	ns	50,5
PSA-Peugeot-Citroën	49	63,8
France Télécom	ns	35,8
Suez		78,7
Renault	45	60,8
Saint-Gobain	51	70
Vivendi	ns	57,5
Arcelor	ns	72,9
Publicis	ns	89,1
Casino	ns	24,8
Bouygues	ns	37,1
Alstom	47	78,3
Michelin	ns	87
Lafarge	6	80
L'Oréal	13	85,9
Danone	43	76,7
Lagardère	30	66,6
LVMH	ns	83
Sodexho	ns	89
Pechiney	50	57,3
Thomson	30	82,3
Valéo	ns	60,3

ns : non significatif.
Source : *L'Expansion*, novembre 1978 et décembre 2002.

TABLEAU 40

POURCENTAGE DU CHIFFRE
D'AFFAIRES À L'ÉTRANGER DES ENTREPRISES
MOYENNES FRANÇAISES INDUSTRIELLES
ET DE SERVICES

Bourjois	34,9
Ipsos	82,7
Soprema	30,3
Somfy	75
Montupet	60
Forasol-Foramer	98,8
Business Objects	61,8
Fram	87,7
CNIM	62,7
Altavia	31,9
Otor	21,1
Salomon	80,5
Floch et Marchand	26,2
Matussière et Forest	46,4
Ingenico	76,8
Transalliance	35,5
GSE	25,4
Dollfus Mieg	80,6
Remy Martin	86,8
A Novo	63,1
Sam	51,7

compétition internationale. Pour en mesurer, là encore, le poids, il suffit d'apprécier la part du chiffre d'affaires à l'étranger réalisé par des entreprises qui se situent entre le 300ᵉ et le 400ᵉ rang des entreprises industrielles et de services (tableau 40). Il n'est pas moindre que celui réalisé par les grands groupes. C'est désormais l'ensemble ou presque des entreprises françaises qui se sont lancées à la conquête du monde.

REP, fondée en 1907 par un inventeur célèbre dans le domaine de l'astronautique — Robert Esnault-Pelterie, qui a tenu à donner ses initiales à sa petite société de « composants pour aéronefs » —, développe depuis le milieu des années 1960 une technologie totalement nouvelle de fabrication de machines à injecter le caoutchouc, exporte 80 % de sa production et contrôle plus du quart du marché mondial, entretenant un service après-vente actif sur le marché nord-américain qui représente 35 % des ventes, en Allemagne (10 %) en Italie (10 %) et au Royaume-Uni (5 %).

M'SAT, une société implantée dans le Parc technologique du Puy-de-Dôme, acquiert des images satellites et les regroupe sous la forme d'une mosaïque de manière à couvrir des territoires plus ou moins vastes allant de la ville au continent et qui s'implante au Japon et aux États-Unis après un contrat signé avec la National American Geographical Society.

Autant dire que, confrontées à une concurrence internationale accrue, les entreprises françaises se sont remarquablement adaptées. Une adaptation qui s'est faite sans bruit tant il reste tabou de se féliciter des bénéfices de la mondialisation aux yeux d'une opinion persuadée que la France y perd à la fois ses emplois et son identité. En 1982, il y a un peu plus de vingt ans seulement, le gouvernement qui voulait rompre avec les logiques du marché en introduisant de nouvelles barrières commerciales avait pris la décision ubuesque de faire passer tous les magnétoscopes importés du Japon par le seul bureau central des douanes de Poitiers. Aujourd'hui, le pays du « fromage qui pue » est devenu le quatrième exportateur mondial de marchandises et le deuxième exportateur mondial de services.

Dans une large mesure, la croissance des « Trente Glorieuses » avait été autocentrée. En 1973, les exportations représentaient moins de 15 % du PIB, un pourcentage inférieur à ce qu'il était en 1910 (18 %). Aujourd'hui, elles en représentent près de

28 %. Dans les années 1980, on avait le sentiment que l'Allemagne et le Japon allaient mener le monde. Vingt ans après, c'est la France qui est devenue ou redevenue une puissance mondiale sans en avoir pris ni la mesure ni les avantages.

Un marchand furtif

Au premier trimestre 1993 s'est produit un événement qui n'a guère été célébré. Après une longue période de déficit, la balance commerciale qui enregistre les échanges de marchandises est devenue positive. Depuis lors, les exportations ont été un moteur presque indéfectible de la croissance française, la demande étrangère progressant à un rythme plus élevé que la demande intérieure.

En 1973, les exportations de marchandises représentaient 26 % de la consommation des ménages ; aujourd'hui, elles en couvrent 52 %. C'est dire à quel point la position internationale de la France a été bouleversée au cours des dernières « Trente Glorieuses ». Alors qu'une partie de l'opinion s'acharne à dévaloriser ses atouts et à défendre bec et ongles une « exception » qu'elle croit sans cesse menacée, le pays, rompant avec son passé proche et lointain, est devenu une machine à produire des excédents commerciaux. Comme l'observe avec malice Théodore Zeldin, « vous inventez à la France des maux imaginaires, la moindre baisse de tension du tonus international vous convainc qu'elle est à l'article de la mort. » Se complaisant volontiers dans le doute, la France est devenue un marchand furtif qui, sans crier gare, a, en une quarantaine d'années, abandonné ses positions coloniales protégées pour réorienter ses échanges sur les marchés européens solvables, démantelé des protections douanières qui maintenaient en survie des pans entiers de son industrie et s'est hissée au quatrième rang des exportateurs du monde, derrière les États-Unis, le Japon et l'Allemagne.

TABLEAU 41

SOLDE DES ÉCHANGES DE MARCHANDISES
(en milliards de francs courants)

1970	− 6,8	1987	− 65,5
1971	− 3,6	1988	− 71,2
1972	− 3,8	1989	− 94,1
1973	− 16,5	1990	− 100,8
1974	− 35,2	1991	− 84,3
1975	− 6,3	1992	− 21,6
1976	− 38,2	1993	+ 31,3
1977	− 29,6	1994	+ 26,5
1978	− 25,1	1995	+ 48,4
1979	− 34,4	1996	+ 73,7
1980	− 87,7	1997	+ 159,6
1981	− 87,1	1998	+ 144,5
1982	− 136,4	1999	+ 122,3
1983	− 88,5	2000	− 24,9
1984	− 69,3	2001	+ 17,7
1985	− 69,5	2002	+ 53,7
1986	− 33,5	2003	+ 16,4

Source : Direction générale des douanes et droits indirects.

Mieux encore, c'est la compétitivité en termes de prix et de coûts qui a permis aux entreprises françaises d'enregistrer ces bonnes performances à l'exportation et de consolider leurs parts de marché à l'étranger. Entre 1990 et 2001, la compétitivité-prix s'est améliorée de plus de 15 % tandis que la compétitivité-coûts s'améliorait de 23,8 %, un record en Europe.

À l'exception de la facture énergétique, qui continue au gré des fluctuations des cours pétroliers de peser sur les résultats annuels, et des produits des industries traditionnelles (textile-habillement, cuirs et peaux, chaussures), qu'elle a abandonnés

TABLEAU 42

PART DANS LES EXPORTATIONS
MONDIALES
DE MARCHANDISES EN 2001
(en %)

États-Unis	11,9
Allemagne	9,3
Japon	6,6
France	5,2
Royaume-Uni	4,4
Italie	3,9
Pays-Bas	3,7
Belgique et Luxembourg	3,1

Source : OMC.

TABLEAU 43

ÉVOLUTION DE LA COMPÉTITIVITÉ
PAR RAPPORT AUX PARTENAIRES DE L'OCDE
DE 1990 À 2001

	Compétitivité-coûts	Compétitivité-prix
France	23,8	15,3
Allemagne	8,4	3,4
Italie	15,2	3,5
Royaume-Uni	− 22,4	− 2,8

Note : une hausse correspond à une amélioration de la
compétitivité en %. Source : OCDE.

aux pays émergents, la France est excédentaire dans les branches « construction aéronautique », « machines de bureau et matériel électrique professionnel », « équipements industriels », produits automobiles, produits de la pharmacie et de la parachimie. De 1970 à nos jours, la part exportée de la production manufacturière est ainsi passée de 20 à 42 %. Pour les produits agricoles et alimentaires, la France se classe au 2ᵉ rang mondial derrière les États-Unis. Par un singulier paradoxe, le pays qui craint le plus pour sa souveraineté gastronomique est aujourd'hui le pays qui défend le mieux sa « bouffe » dans le monde. En 2002, une année pourtant fort « moyenne », l'ensemble du secteur agro-alimentaire a dégagé un solde commercial positif de 8,3 milliards d'euros, soit un peu moins que les automobiles (10 milliards d'euros). À eux seuls, les soldes positifs des ventes de boissons, qui s'élèvent à 7,7 milliards d'euros, et de lait, qui se montent à 1,9 milliard d'euros, égalent presque celui des produits de la construction aéronautique et spatiale (10,3 milliards d'euros). Quant au solde positif des fromages, 1,2 milliard d'euros, il compense plus que largement le déficit des activités culturelles et récréatives qui est de 327 millions d'euros ! S'il ne fallait raisonner qu'en termes marchands, c'est bien le fromage plus que la culture qui trace les contours de l'« exception » française. Si la mondialisation peut nous obliger à ingurgiter des hormones, comme le craint José Bové, elle permet aussi de faire découvrir aux étrangers les bulles de notre champagne et les odeurs de notre fromage. Pour le plus grand bien de nos entrepreneurs-paysans.

Un mille-pattes cérébral

Plus encore, et beaucoup de Français l'ignorent, la France est aujourd'hui le deuxième exportateur mondial de services derrière les États-Unis, une spécialisation qui est la meilleure des spécialisations dans la mesure où elle correspond à une évolution de fond des pays encore dits « industrialisés ».

TABLEAU 44

SOLDE COMMERCIAL
(en millions d'euros courants)

	2001	2002
Agriculture	1 298	1 882
Industries agro-alimentaires	6 301	6 813
Biens de consommation	− 5 238	− 5 318
Automobile	11 157	11 262
Biens d'équipement	9 188	10 878
Biens intermédiaires	− 3 607	− 1 911
Énergie	− 21 739	− 20 656

Regroupant un vaste champ d'activités allant des transports au commerce, des activités financières aux activités immobilières, des services aux entreprises aux services aux particuliers, les services représentent aujourd'hui l'essentiel de l'activité et de l'emploi.

En une vingtaine d'années, on a assisté à une véritable métamorphose des activités dont on peine à prendre conscience tant nos représentations font encore la part belle à l'agriculture et l'industrie. De 1980 à 2001, l'agriculture a perdu 48 900 emplois par an, l'industrie 66 900 et la construction 21 300. Dans le même temps, le commerce en créait 12 600 par an, les services aux entreprises 79 500 et les services aux particuliers 17 600. Aujourd'hui, la valeur ajoutée par la branche « hôtels et restaurants » (36,6 milliards d'euros) est près de deux fois supérieure à celle de l'industrie automobile (20,9 milliards d'euros) ; l'activité « conseils et assistance aux entreprises » (94,2 milliards d'euros) crée plus de richesses que l'ensemble de l'agriculture (37,7 milliards d'euros) et des industries de biens d'équipement (49,5 milliards d'euros) réunies (87,2 milliards d'euros) ; les activités immobilières

TABLEAU 45

LA PLACE DES SERVICES
DANS L'ÉCONOMIE FRANÇAISE
(valeur ajoutée en milliards d'euros courants)

	1980		2001	
	Montant	%	Montant	%
Agriculture	19	4,6	38	2,8
Industrie	114	28,0	272	20,1
Construction	27	6,6	63	4,7
Ensemble des services	284	69,6	1 152	85,4
Dont				
Commerce	39	9,6	138	10,2
Transports	18	4,4	57	4,2
Activités immobilières	36	9,0	160	11,9
Services aux entreprises	49	12,0	209	15,5
Services aux particuliers	19	4,8	77	5,7
Services financiers	17	4,3	65	4,8

Source : INSEE, Comptes nationaux.

(promotion, location et gestion) pèsent deux fois plus (23,9 milliards d'euros) que la construction navale aéronautique et ferroviaire (10,2 milliards d'euros) ; l'audiovisuel (production et distribution de films) contribue plus au PIB (7,3 milliards d'euros) que l'industrie textile (5 milliards d'euros). Le chiffre d'affaires de la coiffure (4,1 milliards d'euros) est très largement supérieur à celui de l'édition de livres (3 milliards d'euros) ; celui des services funéraires (1,3 milliard d'euros) pèse autant que celui de la radio (1,1 milliard d'euros).

Autant de statistiques qui dessinent une économie de services dont la progression est spectaculaire et la performance internationale remarquable. Hors tourisme, le solde

TABLEAU 46

LA PLACE DES SERVICES DANS L'EMPLOI EN FRANCE
(nombre de personnes, en milliers d'équivalent-temps plein)

	1980		2001	
	Effectif	%	Effectif	%
Agriculture	2 051	9,4	1 024	4,4
Industrie	5 376	24,8	3 971	17,2
Construction	1 947	9,0	1 499	6,5
Ensemble des services	7 497	34,5	10 103	43,9
Dont				
Commerce	2 811	12,9	3 080	13,4
Transports	859	4,0	1 038	4,5
Activités immobilières	203	0,9	266	1,2
Services aux entreprises	1 658	7,6	3 326	14,4
Services aux particuliers	1 280	5,9	1 649	7,2
Services financiers	686	3,2	744	3,2
Services administrés	4 843	22,3	6 449	28,0
Total	21 713	100,0	23 046	99,9

positif des services en 2002 est égal au solde positif de la balance commerciale. En y ajoutant le tourisme, il contribue à lui seul aux capacités de financement externes du pays qui se sont élevées à 23,2 milliards d'euros.

À lui seul, le négoce contribue autant à l'enrichissement extérieur de la France que l'agriculture. Si la famille Louis-Dreyfus pointe au 9e rang des fortunes françaises avec un patrimoine professionnel estimé à 2 milliards d'euros, c'est parce qu'elle est héritière d'une maison de négoce international qui structure, depuis le milieu du XIXe siècle, un complexe français parmi les plus importants et les plus actifs dans le monde. Surtout, les revenus des investissements directs à

TABLEAU 47

SOLDE DES ÉCHANGES DE SERVICES
(en milliards de francs courants)

1970	+ 11	1987	+ 72,5
1971	+ 13,2	1988	+ 74,9
1972	+ 14	1989	+ 102,0
1973	+ 15,5	1990	+ 99,0
1974	+ 22,1	1991	+ 107,9
1975	+ 23,9	1992	+ 116,2
1976	+ 25,7	1993	+ 120,2
1977	+ 31,9	1994	+ 134,5
1978	+ 44,1	1995	+ 134,4
1979	+ 49,2	1996	+ 81, 3
1980	+ 53,2	1997	+ 106,2
1981	+ 56,6	1998	+ 106,9
1982	+ 67,2	1999	+ 129,2
1983	+ 81,7	2000	+ 146,2
1984	+ 97,6	2001	+ 135,7
1985	+100,7	2002	+ 152,1
1986	+ 85,8		

Source : Douanes.

l'étranger et les recettes de tourisme suffisent désormais à payer la facture pétrolière. À cet égard, on peut s'étonner que le tourisme, qui est devenu le premier poste de la balance des paiements, générant un solde bénéficiaire de 15 milliards d'euros (1,5 fois l'industrie automobile) et contribuant pour 7 % au PIB, ne mérite qu'un secrétariat d'État dans un gouvernement dont la structure rappelle davantage celle de l'économie et de la société française d'il y a un siècle.

Au total, la France qui, il y a vingt ans, était structurellement déficitaire est donc devenue structurellement excédentaire, à tel point qu'on peut se demander si ce n'est pas elle, désormais, qui est devenue le moteur de l'Europe, contrainte de pallier l'essoufflement de l'Allemagne. Comme on peut le mesurer en effet pour l'année 2000 (tableau 48), la capacité de financement externe de la France (24,7 milliards de dollars) ne suffit pas à compenser le déficit de la zone euro (8,8 milliards de dollars).

TABLEAU 48

BALANCE DES OPÉRATIONS COURANTES
(en milliards de dollars)

	1983	1991	2000
Allemagne	+ 5,2	– 18,4	– 20,5
États-Unis	– 38,7	+ 6,6	– 435,4
France	*– 5,0*	*– 5,7*	*+ 24,7*
Italie	+ 0,8	– 24,0	– 3,9
Japon	+ 20,8	+ 68,3	+ 117,2
Royaume-Uni	+ 2,8	– 15,0	– 24,5
Suisse	+ 3,8	+ 10,6	+ 31,1
Zone euro	*– 2,5*	*– 65,8*	*– 8,8*

Source : OCDE.

Les nouveaux émigrés

Mieux, alors qu'on a longtemps reproché aux entreprises françaises de rester trop concentrées sur l'Hexagone et les marchés de l'ancien empire et de ne pas être assez présentes sur les marchés internationaux porteurs, contrairement à leurs homologues anglo-saxonnes ou germaniques, on a pu assister au cours des « nouvelles Trente Glorieuses » à une augmentation sans précédent des implantations françaises à l'étranger, en particulier en Europe et aux États-Unis. À tel point que certains aujourd'hui les accusent d'être de nouvelles émigrées. En 2000, une enquête réalisée par les services de la Direction des Relations Économiques Extérieures (DREE) du ministère des Finances a ainsi dénombré un peu moins de 20 000 filiales d'entreprises françaises dans le monde, employant 3,5 millions de salariés. À cette même date, la France était aussi devenue le deuxième investisseur du monde à l'étranger, derrière le Royaume-Uni mais devant les États-Unis.

Si l'on ne comptabilise que les investissements directs, qui mesurent un réel contrôle de l'investisseur direct (maison mère) sur l'entreprise investie, qu'elle prenne la forme d'une création de filiale à l'étranger ou de la prise de contrôle d'une entreprise locale, la croissance est réellement explosive. De 100 milliards de francs en moyenne de 1987 à 1994, les flux s'élèvent à près de 200 milliards en 1995, à plus de 500 milliards en 1998, à plus de 700 milliards en 1999 et à plus de 1 200 milliards de francs en 2000, soit 12,6 % du PIB, une année record liée à 18 opérations de fusion-acquisition supérieures chacune à 20 milliards de francs (3 milliards d'euros).

À la suite de ce mouvement stupéfiant qui mesure autant l'appel de l'extérieur que la volonté, peut-être, de « fuir » l'Hexagone, la production des groupes industriels français à l'étranger dépasse de beaucoup leurs propres exportations, à tel point qu'il y a aujourd'hui sur les marchés étrangers autant sinon plus de produits fabriqués par les entreprises françaises à l'étranger que de produits français exportés.

Surtout, contrairement au mythe largement entretenu selon lequel ces « délocalisations » auraient pour but d'exploiter une main-d'œuvre à bas prix dans les pays du Sud, ces implantations se font pour l'essentiel dans les autres pays développés. Ainsi, les États-Unis sont le premier pays d'accueil des capitaux « émigrés », concentrant à eux seuls 26 % des effectifs des filiales françaises à l'étranger. Le Royaume-Uni est le deuxième pays d'accueil. En 2000, 49 % des investissements directs français s'y sont orientés. Suivent l'Allemagne, l'Espagne, la Belgique, les pays d'Europe centrale et orientale comme la Pologne qui devance maintenant l'Italie, le Brésil, l'Argentine et la Chine, celle-ci figurant désormais au 6e rang des pays d'accueil des filiales françaises dans le monde. En revanche, nos vestiges de l'empire colonial que sont l'Afrique du Nord et la zone franc sont largement délaissés.

Le succès de ces « french world companies » que sont Lafarge, LVMH, L'Oréal, Carrefour, Sodexho, Danone, Ecco, Accor, Ricard, Renault, Axa ou Suez peut étonner tous ceux qui pensaient que, en la matière, la culture anglo-saxonne était devenue l'horizon indépassable des entreprises « globales ». Pourtant, même si dans toutes ces entreprises l'anglais est évidemment la langue de travail, la « french touch » est un réel atout. Témoignant d'une plus grande attention à l'ensemble de leurs salariés, moins obsédés par les comptes de résultats trimestriels, respectant davantage la culture d'autrui quand les Américains restent encore trop souvent les champions du monolithisme culturel, les firmes françaises se fondent parfois si bien dans le paysage que leurs salariés et l'opinion publique les prennent pour des entreprises locales ! Ainsi, une majorité des employés de Bic aux États-Unis pensent que leur employeur est américain tandis que la plupart des Brésiliens croient que Rhodia, qui fabriquait les lance-parfums pour le carnaval de Rio, est une entreprise locale. Là où Daimler a perdu des milliards de dollars en prenant de front l'orgueil des Américains de Chrysler, Renault fait preuve de tact avec Nissan et évite de se comporter comme en pays conquis.

À la suite de ce mouvement qui n'aura pris qu'une douzaine d'années, l'économie française est devenue l'une des plus mondialisées de la planète alors que les Français restent les plus sceptiques sur les bienfaits qu'elle peut apporter. Des bienfaits qui sont pourtant réels. Permises par l'excédent de la balance des paiements qui dégage depuis dix ans des soldes largement positifs, ces sorties de capitaux ont « rapatrié » du reste du monde des flux de revenus qui placent la France au 3ᵉ rang des « bénéficiaires » de la mondialisation, derrière le Japon et la Suisse, une statistique qui n'a guère fait l'objet de commentaires, alors qu'elle démontre que, depuis 1996, la France distance sur ce terrain le Royaume-Uni, l'Allemagne et surtout les États-Unis.

TABLEAU 49

SOLDE DES REVENUS D'INVESTISSEMENT
(en milliards de dollars)

	1983	1990	1996	1999	2000	2002
Allemagne	2,9	20,6	1,0	− 8,8	− 1,0	− 2,3
États-Unis	36,4	28,5	18,9	− 18,5	− 13,7	− 17,5
France	*− 1,5*	*− 1,6*	*− 1,9*	*11,9*	*13,6*	*16,3*
Japon	3,1	22,7	53,4	49,9	57,5	60,2
Royaume-Uni	1,7	− 0,9	14,9	12,6	12,6	11,9
Suisse	4,3	8,8	12,6	21,1	23,8	31,6

Source : OCDE, *Perspectives économiques.*

Surtout, même si l'on ne peut évaluer avec précision les emplois perdus du fait des délocalisations vers les pays tiers, au vu de la plupart des études, ce phénomène s'est avéré beaucoup plus limité que prévu et aurait causé tout au plus une perte de 200 000 à 300 000 emplois. C'est que les fortes différences de rémunérations constatées entre la France et les pays à bas salaires ou à faible protection sociale ne sont pas l'essentiel. Si l'on prend en compte la productivité du travail, la qualité des infrastructures et le coût du transport, les bénéfices du « dumping » social sont largement surestimés. Les écarts de salaires entre la France et la Tunisie sont par exemple de 1 à 7. Le coût final, transport inclus, ne varie que de 1 à 3.

En fait, c'est moins l'attirance des capitaux français pour les pays pauvres que l'expatriation des talents vers les pays riches qu'il faut craindre. Réputés autrefois casaniers, les Français quittent désormais volontiers l'Hexagone pour s'installer et travailler à l'étranger. Cette émigration, qui fait beaucoup de bruit, est un phénomène qui prend de l'ampleur. Il confirme que, dans un contexte propice à la mobilité des personnes, la France perd effectivement une partie de ses forces vives, qui ne sont pas seulement les 25 000 contribuables recensés par la Direction générale des impôts comme ayant transféré leur domicile fiscal à l'étranger. Au cours des dernières années, les consulats ont enregistré environ 200 000 nouveaux immatriculés par an (personnes de nationalité française résidant pour une durée minimale de six mois dans un pays étranger), ce qui laisse à penser, compte tenu des non-immatriculés, qu'environ 300 000 Français s'expatrient chaque année. C'est deux fois plus que l'offre annuelle de travail (160 000 personnes environ) ! Si l'on prend en compte les retours, la population française à l'étranger progresse d'environ 50 000 personnes par an. Et comme pour les investissements, ce sont le Royaume-Uni, le Canada et les États-Unis qui constituent les pays les plus attractifs. Au total, la communauté française au Royaume-Uni compterait près de 225 000 personnes, l'afflux d'arrivants très qualifiés dans les secteurs liés à la finance et aux nouvelles technologies étant particulièrement soutenu. Aux États-Unis, ce sont près de 245 000 Français qui font de cette communauté la première au monde. À Chicago, la population française a pratiquement doublé en quatre ans. « Les expatriés sont attirés par une société qui favorise la catégorie de population à laquelle ils appartiennent (jeunes, déjà diplômés et bien formés, prêts à s'investir fortement dans leur travail), observe le consulat. Un emploi est trouvé facilement avec un niveau de salaire beaucoup plus élevé qu'en France, une hiérarchie jugée moins pesante, un accès à des responsabilités, des prélèvements fiscaux et sociaux moindres. D'autre part, ils bénéficient pleinement du système américain, dans la mesure où ils n'ont pas à en assumer les côtés les plus négatifs (coûts de l'éducation scolaire et de l'enseignement supérieur, coûts des systèmes de santé, brutalité et exigence du système pour les travailleurs plus âgés et moins qualifiés, faiblesse du système de retraite…). Enfin, le système américain valorise fortement les secteurs d'activité où évoluent les expatriés : domination des professions "économiques" sur les autres professions, notamment tous les métiers du secteur public, niveau de la rétribution comme critère essentiel de valorisation sociale… En ce qui concerne les professions universitaires, des conditions de rémunération attractives, une grande liberté d'action, une large ouverture interdisciplinaire et des budgets de recherche souvent considérables constituent les principaux motifs de leur expatriation. D'une manière générale, la place de l'université dans la société américaine offre aux professeurs une situation assurément plus favorable qu'en France. »

Le consulat de Boston considère, pour sa part, qu'en général, « et quelle que soit la génération à laquelle ils appartiennent, les expatriés français sont venus en Nouvelle-Angleterre parce que quelque chose les gênait en France. Les raisons les plus fréquemment invoquées sont : insuffisance de moyens accordés et mauvaise organisation de la recherche, dirigisme étatique et centralisme administratif, difficultés pour créer une entreprise, pression fiscale, passage aux 35 heures, arriération de la politique économique dans son ensemble. »

Selon le consulat général à Montréal qui précise que 3 350 Français sont arrivés au Québec en 1999, « il ne s'agit pas, dans la plupart des cas, d'une rupture avec la France, mais plutôt du désir d'acquérir une expérience en se "frottant" au milieu nord-américain dans des domaines de technologies avancées par exemple. Le motif d'expatriation répond parfois à la fuite d'un contexte économique difficile sous la pression exercée par des événements personnels douloureux (séparations, divorces…), professionnels (faillites, chômage…), l'exiguïté de logements coûteux ou bien encore le stress de la vie quotidienne dans les grandes villes françaises. D'autres enfin fuient les lourdeurs bureaucratiques et la fiscalité françaises et veulent totalement ignorer l'existence du réseau consulaire dans la perspective d'acquérir facilement la citoyenneté canadienne après trois ans de séjour… Les facilités offertes en matière d'accès aux crédits bancaires ou par les aides financières destinées aux investisseurs ou créateurs d'entreprises, l'existence d'une législation plus souple en matière de droit du travail et les avantages pour l'employeur de charges sociales moins élevées qu'en France sont des arguments convaincants et particulièrement développés par la délégation du Québec à Paris pour attirer des investisseurs français à Montréal ».

Au-delà de ces impressions d'ensemble, c'est bien une main-d'œuvre hautement qualifiée qui « émigre » vers des pays qui font tout pour capter leurs talents. Sur les cinq premiers mois de l'année 2000, ce sont près de 1 200 Français qui ont obtenu un visa H-IB des États-Unis, un visa réservé aux spécialistes, c'est-à-dire un nombre sensiblement égal à celui des Allemands. En mai 2001, une étude du bureau du CNRS à Washington évaluait à 10 600 personnes le nombre de Français titulaires d'un diplôme d'enseignement supérieur en science et ingénierie qui travaillent aux États-Unis, soit une augmentation de 18 % en une décennie. Selon une autre étude qui classe les universitaires français en fonction du nombre et de l'importance des publications, il apparaîtrait que près de la moitié des personnes citées exerceraient leur activité hors de France. Mieux ou pis encore, sur 137 diplômés de l'École centrale de Paris, 57 (42 %) obtiennent leur premier emploi à l'étranger, dont 28 dans des sociétés étrangères. Enfin, 15 % des diplômés de HEC pour les promotions des vingt dernières années résident à l'étranger. Fiscalité dissuasive, lourdeur administrative et réglementaire, mentalité conservatrice qui pénalise l'initiative et la réussite, grèves à répétition, autant de raisons que citent en priorité ceux qui ont choisi de ne pas rentrer en France. « La France a fait de nous de très bons candidats à l'immigration. Elle nous a donné les connaissances suffisantes pour être des personnes dans le monde du travail. Par contre, notre pays ne nous a pas permis de les exploiter sur son territoire. »

Pour une part non négligeable et pour le moins préoccupante, la France qui s'ouvre est aussi une France qui fuit.

LES TROIS « PITEUSES »

Le « paradoxe français »

La France serait-elle « ringarde » ? Cette question n'en finit plus de nourrir le débat public depuis 2000, comme si l'année qui avait marqué le point d'orgue des investissements directs français à l'étranger avait été aussi celle de tous les doutes sur l'avenir du « site France » et celle de toutes les interrogations sur sa capacité à maintenir le niveau de compétitivité qui était le sien au cours de la dernière décennie du siècle dernier. Après les « nouvelles Trente Glorieuses », serions-nous entrés dans le cycle des années « piteuses » ?

Ce sentiment est aujourd'hui largement partagé. L'Institut international du management de Lausanne classe ainsi la France au 25e rang pour 2001, en recul de trois places en un an. « Il y a un paradoxe français », selon le responsable de l'étude : aux yeux des entreprises, la France se place au tout premier rang pour les investissements à l'étranger, les exportations dans les services, la productivité des salariés, leur formation, le niveau scientifique, les infrastructures ou le système bancaire. Mais tous ces atouts seraient balayés par des faiblesses structurelles. La France est au dernier rang pour les charges et régulations sociales, les charges fiscales, le temps de travail, sans oublier son état d'esprit à l'égard de la mondialisation.

Publiée le 24 juin 2002 sous le titre « Je t'aime, moi non plus », une enquête réalisée par le cabinet Ernst & Young

155

auprès de 200 dirigeants mondiaux montrerait que, pour 40 % d'entre eux, la situation du pays se serait dégradée en 2001 « en tant que site d'implantation et de développement ». Pis : moins d'une entreprise étrangère interrogée sur deux envisagerait de s'y implanter ou d'y développer ses activités, et 43 % des dirigeants américains envisageraient de délocaliser une partie de leurs activités françaises vers un autre pays européen. Des intentions qui ne sont pas totalement confirmées par les chiffres mais qui sont autant d'avertissements. En 2001, 266 nouvelles implantations étrangères ont été enregistrées, plaçant l'Hexagone au 2ᵉ rang européen derrière le Royaume-Uni (377). En 2002, les investissements étrangers en France se seraient élevés à près de 50 milliards d'euros, créant plus de 22 000 emplois. Plus essentiel, les filiales de firmes étrangères en France contribuent pour plus de 30 % à la production industrielle, un chiffre supérieur à la moyenne de l'OCDE et représentant trois fois celui de l'Allemagne.

D'autres statistiques dessinent toutefois une évolution plus préoccupante. Alors qu'en 1985 la France attirait 7,3 % du

TABLEAU 50

DESTINATION DES STOCKS D'INVESTISSEMENTS DIRECTS
À L'ÉTRANGER

	1985	1995	2001
Allemagne	4,0	6,6	7,0
Belgique-Luxembourg	2,0	4,1	7,0
États-Unis	20,2	18,4	19,3
France	*7,3*	*6,6*	*4,5*
Pays-Bas	2,7	4,0	4,2
Royaume-Uni	7,0	6,9	7,3

Source : *Rapport sur l'investissement dans le monde*, CNUCED, septembre 2002.

stock mondial d'investissements directs à l'étranger, cette proportion est tombée à 4,5 % en 2001.

Surtout, alors qu'elle exporte des « cerveaux », la France attire en priorité des étrangers peu qualifiés qui viennent moins pour y travailler ou y faire de la recherche que pour bénéficier d'une législation sociale généreuse ou de critères d'obtention de diplômes moins exigeants. Si plus de 128 000 étudiants étrangers étaient inscrits dans une université française en 1999-2000, 49 % provenaient toujours d'Afrique.

TABLEAU 51

RÉPARTITION DE LA POPULATION IMMIGRANTE
SELON LE NIVEAU DE FORMATION
(en % de la population immigrée âgée de 25 à 64 ans)

	Premier cycle de l'enseignement secondaire	Second cycle de l'enseignement secondaire	Enseignement supérieur
France	66,4	19,7	13,9
Allemagne	49,4	35,4	15,2
Italie	49,8	37,2	13,0
Royaume-Uni	30,3	30,5	27,3
États-Unis	35,0	24,1	40,9
Canada	22,2	40,0	22,9

Source : *International Mobility of the Highly Skilled*, OCDE, 2001.

Autant de réalités qui font de la France cette terre de « paradoxes » surprenante pour ceux qui l'auscultent ou qui l'observent. C'est le pays qui obtient les résultats les plus contrastés : sept fois en tête mais cinq fois en dernière position. Elle est un peu comme l'équipe de France de football qui a été championne du monde et dont chaque amateur – sélectionneur en herbe – se demande, quatre ans plus tard, si elle est réellement compétitive. En réalité, la France accélère avec trois « freins à main » fortement serrés : l'État dont on attend la réforme avec une exaspération croissante, le syndicalisme dont on attend sans trop y croire la prise de conscience qu'il a des responsabilités à assumer, et l'Éducation nationale qui désespère tous ceux qui pensaient qu'elle avait tracé les voies d'une exemplarité française.

Quand nos cerveaux, souvent les meilleurs, émigrent dans les entreprises ou les universités où on sait les attirer par un environnement de travail largement plus propice et des conditions financières plus favorables, quand nos capitaux cherchent à profiter de régimes fiscaux plus attractifs dans des pays proches où l'on peut vivre aussi bien sinon mieux qu'en France, quand nos entrepreneurs cèdent à l'attraction de pays où la réussite ne provoque aucune mauvaise conscience, la question est bien de savoir comment desserrer les freins de la France qui geint pour libérer l'énergie de la France qui piaffe.

7

La France qui prend du ventre
ou l'impuissance publique

> « Si l'on ôtait l'ordre privilégié, la nation
> ne serait pas quelque chose de moins mais
> quelque chose de plus. »
>
> Sieyès.

Après deux siècles d'expérience de la démocratie, l'affirmation de l'abbé révolutionnaire semble avoir conservé toute son actualité. Une réalité que la célèbre parabole du comte de Saint-Simon, postérieure d'une trentaine d'années, illustre avec une force égale : « Supposons que la France perde subitement ses cinquante premiers physiciens, ses cinquante premiers chimistes, ses cinquante premiers mathématiciens, ses cinquante premiers poètes […]

« Ses cinquante premiers mécaniciens, ses cinquante premiers ingénieurs civils et militaires, ses cinquante premiers artilleurs, ses cinquante premiers architectes […]

« Ses cinquante premiers banquiers, ses deux cents premiers négociants, ses six cents premiers cultivateurs […]

« Ses cinquante premiers maçons, ses cinquante premiers charpentiers, ses cinquante premiers menuisiers […]

« La nation tomberait immédiatement dans un État d'infériorité vis-à-vis des nations dont elle est aujourd'hui la rivale […]

« Admettons que la France conserve tous ces hommes de génie […] mais qu'elle ait le malheur de perdre le même jour Monsieur, frère du roi, Mgr le duc d'Angoulême, Mgr le duc de Berry, tous les grands officiers de la Couronne, tous les ministres d'État, tous les maîtres de requête, tous les préfets et sous-préfets, tous les employés dans les ministères, tous les juges […], il n'en résulterait aucun mal politique pour l'État. »

En fait, notre situation est sans doute pire que celle imaginée par le porte-parole du tiers état et apôtre de la « civilisation industrielle ». Alors que les privilégiés ne représentaient à cette date qu'un infime pourcentage de la population, sans doute moins de 5 % des Français, leur poids a statistiquement explosé. La « révolution », qui consistait à les dépouiller de leurs « acquis » pour donner une place à ceux qui « entreprenaient », était en fin de compte chose relativement facile. Aujourd'hui, par contre, le nombre de ceux qui, disposant des informations et des réseaux nécessaires, savent détourner à leur profit les ressources de l'État rend la révolution sans doute impossible et la réforme peut-être improbable. Si l'État-nation qui a construit l'essentiel de nos infrastructures avait du muscle, l'État-providence qui a voulu multiplier les assistés et les allocations de toute nature a pris du ventre. *Economy, efficiency, effectiveness* sont des mots difficiles à traduire en français tant il est vrai que nos services publics semblent échapper à toute critique qui en analyserait le coût, l'efficacité et la performance.

Détournements de fonds

À cet égard, les gaspillages dont nous avons fait l'inventaire[1] sont moins choquants par leur ampleur que par les injustices et les scléroses qu'ils entretiennent au détriment des plus faibles ou des moins avertis.

1. Jacques Marseille, *Le Grand Gaspillage. Les vrais comptes de l'État*, Plon, 2002.

Ainsi, les entreprises qui perçoivent des fonds publics – toutes les enquêtes l'ont abondamment démontré – ne sont pas, de leur propre aveu, les plus nécessiteuses, mais seulement les mieux informées. C'est la conclusion à laquelle avait abouti Liêm Hoang Ngoc, économiste peu suspect de sympathies libérales qui, ayant coordonné l'étude réalisée par l'Office parlementaire d'évaluation des politiques publiques, avait constaté que les entreprises bénéficiant des mannes multiples de l'aide à l'emploi étaient celles qui en avaient le moins besoin. À l'image de ces entreprises du secteur automobile qui, dans les années 1990, ont largement profité des Allocations Spéciales du Fonds National pour l'Emploi (ASFNE) pour liquider leurs sureffectifs.

Alors que la France dépense par an près de 50 milliards d'euros (plus de 320 milliards de francs, soit presque l'équivalent de l'impôt sur le revenu) pour l'emploi, aucune évaluation sérieuse de l'efficacité des sommes ainsi versées n'a été réellement tentée. C'est ce qu'affirmait Didier Migaud, rapporteur général socialiste de la Mission d'évaluation et de contrôle de l'Assemblée nationale, à une date où le parti socialiste avait encore le sens des responsabilités : « Le bon sens parlementaire et le bon sens gestionnaire, écrivait-il, voudraient que l'on disposât de données stables, exhaustives, permettant les comparaisons dans le temps et entre les différents types de politiques de l'emploi. Sans même parler des contraintes propres aux comparaisons internationales, dont on peut penser qu'elles iront en s'amplifiant au sein de l'Union européenne, il apparaît, par exemple, que la connaissance de l'action des collectivités locales pour aider l'emploi demeure lacunaire. Paradoxalement, ce manque presque complet d'information porte sur des aspects qui correspondent aux démarches d'individualisation des mesures et de rapprochement de la prise de décision des bassins d'emploi qui sont désormais mises en avant, par l'État, dans l'attribution de ses aides visant les publics les plus éloignés du marché du travail ... N'y a-t-il pas matière à perplexité lorsque des enquêtes auprès d'employeurs sur l'utilisation d'un même dispositif d'aide font apparaître des réponses contradictoires du même employeur, à la même question, dans deux enquêtes successives, sur les mêmes embauches aidées ? »

En langage clair, cela voulait dire que l'État n'a pas les moyens de savoir à quoi servent les milliards d'euros consacrés à la défense de l'emploi et que le maquis des aides est tellement dense que ceux des employeurs qui les reçoivent sont incapables de dire de manière précise à quoi elles ont servi.

C'est ainsi que, à la question essentielle de savoir combien d'emplois les 35 heures allaient créer et combien cette mesure allait coûter, la première estimation réalisée par la Direction de la prévision du ministère de l'Économie, des Finances et de l'Industrie, concluait « à un gain pour les finances publiques ». Non seulement, estimait-elle, la réduction du temps de travail ne devait rien coûter : mieux, elle était même susceptible de dégager un solde positif pour les finances publiques de 15,5 milliards de francs à l'horizon 2002. Ce gain pour l'État, estimé dans une note du 27 janvier 1999, résultait « du surcoût de cotisations sociales engendré par l'évolution plus dynamique de la masse salariale et par les gains d'indemnisation du chômage réalisés grâce aux créations d'emplois ». On sait ce qu'il est advenu de cette « prévision ».

Ainsi, pour avoir voulu tout imposer, l'État, qui n'a plus rien de « providence », a multiplié les « privilégiés », les agents de l'État et des collectivités locales qui, travaillant réellement moins de 35 heures, ont bénéficié d'une vingtaine de jours de congés supplémentaires, les grandes entreprises de la sidérurgie, de l'acier et de l'automobile qui ont annualisé le temps de travail de leurs salariés en mettant en place des chaînes de production 24 heures sur 24 et 7 jours sur 7, les cadres et le personnel d'encadrement qui disposent des moyens financiers d'occuper leur temps libre. Mais il a aussi multiplié les « victimes », la majorité des salariés des petites entreprises dont les conditions de travail se sont dégradées, les milliers de PME dans le commerce et les services qui manquent de per-

sonnel et se sont trouvées confrontées à des problèmes inso-
lubles d'organisation, les agents du secteur hospitalier qui ne
comptent plus leurs heures pour rester au chevet des malades,
les salariés qui multiplient les arrêts maladie pour résister à la
« surpression » imposée par les journées condensées, et les…
contribuables qui doivent financer par l'impôt une mesure qui
a coûté au total plus de 40 milliards d'euros sur trois ans alors
qu'elle devait rapporter des bénéfices à l'État.

Il en va de même des subventions aux associations dont
l'essentiel de l'activité finit par résider en la constitution de
dossiers de demande de subventions inondant toutes les tuyau-
teries administratives. Le système éducatif est sans doute
l'illustration la plus choquante de cette coupure entre initiés
et non-initiés. Deux types de ZEP se font face : d'un côté, ces
« Zones d'Éducation Prioritaires », au sein desquelles s'épui-
sent des équipes pédagogiques dont le dévouement parvient
difficilement à infléchir le cours d'existences sociologique-
ment prédestinées ; de l'autre, ces « Zones d'Éducation Privi-
légiées », beaux quartiers et centres-villes, où l'excellence se
nourrit de la ségrégation sociale et du détournement de la carte
scolaire que pratiquent à l'envi les élites du pouvoir et du
savoir, les enseignants eux-mêmes au premier rang d'entre
elles. Entre ces deux mondes, plus aucune passerelle n'existe :
le service public ne garantit pas, ou plus, l'égalité des chances
qu'il est théoriquement censé promouvoir. Les classes populaires ne s'y trompent d'ailleurs pas. Un sondage CSA-*Valeurs
actuelles* réalisé en septembre 2003 révèle ainsi que si 44 %
des cadres seulement sont prêts à scolariser leurs enfants dans
un établissement privé, ce sont 53 % des ouvriers qui souhai-
tent faire ce choix. Un chiffre qui confirme l'attrait du privé
sur les plus modestes !

C'est enfin notre système de santé, prétendument l'un des
meilleurs au monde, dont tirent largement parti les plus favorisés et dont souffrent surtout les Français les plus modestes
et les plus fragiles qui sont les grands perdants de son caractère
dépensier. Ainsi, un cadre supérieur consulte près de quatre

fois plus souvent un spécialiste qu'un ouvrier non qualifié. Ainsi, à cancer identique et à risque médical égal, la probabilité d'un décès d'un ouvrier ou d'un chômeur est multipliée respectivement par 1,7 ou par 2 par rapport à celle des autres catégories socio-professionnelles. La « Santé-providence », en mobilisant des moyens souvent surdimensionnés, et au prix de dépenses qui explosent, a creusé le fossé entre une France dont les troubles sont essentiellement dus à l'exclusion sociale et une minorité qui fait financer ses soins de qualité par les cotisations imposées à l'ensemble. Dans le domaine de l'emploi, de l'éducation et de la santé qui sont les plus gros consommateurs de crédits, les services publics n'ont pas seulement entériné les différences sociales, elles les ont renforcées.

Autant de « détournements de fonds » dont notre puissance publique, incapable de remise en cause, se rend coupable. Autant d'injustices, pourtant, qu'il est difficile de réduire tant les gardiens du coffre se montrent jaloux d'en interdire l'accès. Mieux, mettre en avant de telles dérives vaut à celui qui l'ose d'être systématiquement taxé d'arrière-pensées ultra-libérales et d'être soupçonné de préparer le démantèlement de notre service public alors que l'intention est seulement d'améliorer son fonctionnement au service des plus faibles. L'auteur de ces lignes en a fait l'expérience. Pour avoir dénoncé les iniquités de notre système éducatif dans une émission de radio du service public et avoir qualifié la grève contre le projet de réforme des retraites d'« indécente », il s'est vu accusé de « défendre systématiquement le libéralisme le plus antisocial », de « participer à la destruction de notre société », de « cracher dans la soupe alors qu'il fait partie de ces nantis qu'il débine à fond », de « représenter la France d'en haut », de vouloir « la précarité et la pauvreté des travailleurs », d'« être un sbire du pouvoir » et un « laquais du MEDEF ». Un courrier de haine qui mesure assez la guerre entre deux France, celle des privilégiés de l'État-providence et celle de ceux qui en subissent les défaillances.

Un bloc d'improductivité

À force d'avoir voulu tout régenter, l'État a fini par tout régenter mal, sans même plus pouvoir assumer de manière satisfaisante l'essentiel. C'est le constat que fait Roger Fauroux, ancien ministre de Michel Rocard, quand il écrit dans *Notre État. Le livre vérité sur la fonction publique* : « Il faut expliquer pourquoi la fonction publique, dotée d'équipes si méritantes, reste un tel bloc d'improductivité. Visiblement, ce n'est pas une affaire de personnes mais d'organisation. Celle-ci n'a intégré aucune des conquêtes des systèmes modernes, la déconcentration des responsables, le fonctionnement en réseau, la transparence, l'émulation interne, la primauté donnée à l'innovation, la rapidité de la transmission des informations, la curiosité vis-à-vis de l'extérieur… Notre machine bureaucratique est tout le contraire de cela, elle est restée taylorienne, opaque, hiérarchique, elle produit des règlements comme les usines Ford fabriquaient des automobiles il y a un siècle, avec le même contentement de soi et le même sentiment d'invulnérabilité. »

Port d'attache et véritable aubaine pour les Français que l'évolution de l'agriculture poussait vers les villes et pour ceux, nombreux, que rebutait l'industrie, la fonction publique dont aucun gouvernement n'a jamais songé à soigner l'embonpoint a fini par occuper des effectifs que la Cour des comptes n'arrive même plus à recenser aux milliers près. À tel point que l'État a été contraint par un décret du 13 juillet 2000 de créer un Observatoire de l'emploi public ! Que l'État soit contraint de créer des emplois pour mesurer les emplois dont il ne contrôle plus la croissance en dit long sur les capacités de gestion du premier employeur de France – 2,2 millions d'agents civils de l'État et de ses établissements publics, 1,5 million d'agents de la fonction publique territoriale, 860 000 pour les hôpitaux, 450 000 employés pour la Poste et France Télécom, 320 000 militaires font un total de 5,5 millions de fonctionnaires ou assimilés. En y ajoutant les effectifs des quelque 1 500 entreprises contrôlées majoritairement par l'État ou encore ceux des caisses de Sécurité sociale, on totalise 6,5 millions d'agents publics. 1 actif sur 4 contre 1 sur 7 pratiquement partout ailleurs. Rapporté à la population totale, la France dispose de 10 fonctionnaires pour 100 habitants, tandis que la moyenne européenne se situe autour de 6. Surtout, alors qu'à partir des années 1970 le secteur privé, durement soumis à la compétition internationale, comprimait durement ses effectifs, ceux de la fonction publique ont continué de s'accroître. Conduites par des ministres qui sont presque tous fonctionnaires, approuvées par un Parlement composé, lui aussi, en majorité de fonctionnaires, les politiques publiques ont à la fois augmenté les effectifs et les rémunérations. La progression à l'ancienneté, par exemple, qui, dans les périodes de forte inflation, jouait un rôle négligeable, a pris du poids quand la hausse des prix est devenue voisine de zéro. À cet égard, le contraste est devenu insoutenable entre une France qui s'est ouverte au monde et a pris des risques et une autre désireuse de conserver les choses en l'état. Ce que Roger Fauroux a dit de l'éducation nationale – « elle est au bout du rouleau » – s'applique en fait à l'ensemble de la machine collective qu'on appelle l'administration.

Fidèle à une vieille tradition qui consiste à satisfaire les girondins sans fâcher les jacobins, cette machine ne remplace jamais, elle empile : 36 700 communes, 20 000 organismes de coopération intercommunale, districts, communautés urbaines ou autres syndicats, 96 départements, 22 régions, 16 académies, 10 régions militaires, 23 circonscriptions des Ponts et Chaussées, 26 directions régionales du ministère des Finances… Tout cela, bien sûr, sous la « surveillance » de nos 600 000 élus, du parlementaire au simple conseiller municipal. 10 fonctionnaires et 1 élu pour 100 habitants : tel est le poids démographique – sans commune mesure dans d'autres pays – de la puissance publique.

Cette prolifération a naturellement un coût : le poids relatif des dépenses de personnel ne cesse de s'accroître dans les budgets de fonctionnement de l'État et des collectivités locales, comme si tout prélèvement supplémentaire avait vocation à améliorer systématiquement l'ordinaire des fonctionnaires. Alors même que le revenu moyen de ces derniers est supérieur à celui des actifs du privé, peut-on admettre que nos agents publics soient si mal lotis que chaque fois ils passent avant l'usager ? C'est même justement là que se constitue ce bloc d'improductivité. Comme en Union soviétique, ce gigantisme aboutit à une dilution des responsabilités qui crée une sorte d'irresponsabilité généralisée. Les niveaux de compétences s'enchevêtrent dans une extrême confusion que la décentralisation ne cesse d'accroître. Pendant ce temps, les marges budgétaires s'amenuisent à mesure qu'augmentent des dépenses de personnel que rien ne semble pouvoir contenir. À cet égard, l'écart entre le discours pratiqué par l'actuel gouvernement à son arrivée et la modestie des élagages qu'il pratique dans cette forêt équatoriale illustre de manière caricaturale notre impuissance publique. Pour que la France qui entreprend ne soit pas écrasée par la France qui geint, il faut que la « rigueur » soit autre que verbale.

Car déficits et dettes sont d'autant plus inadmissibles qu'ils vont de pair avec des prélèvements fiscaux et sociaux considérables. Ces derniers, qui sont parmi les plus élevés des pays de l'OCDE, auraient au moins dû suffire à financer la croissance des dépenses, il n'en a rien été. Rappelons ce que nous écrivions – sans avoir été contredit – dans *Le Grand Gaspillage* : si les gouvernements avaient su, comme les autres pays de l'Union européenne, réduire de manière significative le poids de la dépense publique, la France économiserait 7 % du PIB. Ce seraient près de 100 milliards d'euros qui auraient pu être versés aux ménages, près de deux fois l'impôt sur le revenu, l'équivalent d'un revenu supplémentaire de 3 000 euros par an pour chaque Français actif. Autant dire que le débat sur la nécessité ou non de réduire de 3 % l'impôt sur le revenu est proprement ubuesque pour tous ceux qui savent à quel point il serait possible – avec un peu de courage – de réduire la graisse pour donner du muscle. Car, comme on l'a souligné plus haut, on peut douter que l'offre publique se soit améliorée, en quantité ou en qualité, en proportion de la progression de la dépense. Toutes les études le martèlent sans effet : la France compte 134 000 agents fiscaux contre 52 000 en Grande-Bretagne. Elle entretient 65 bureaux fiscaux par million d'habitants contre 8 en Allemagne. Elle assure aussi le financement du plus grand nombre de policiers et de gendarmes par habitant en Europe, sauf que l'État a bien du mal à les mettre au bon endroit.

Le pire en la matière est que cette obésité paralysante bénéficie toujours d'un étonnant consensus, comme le confirme une enquête européenne menée dans quinze pays et parue en 2000 dans *The Economist*. À la question posée – « L'État devrait-il dépenser plus au titre des services publics, quitte à ce que les impôts augmentent ? » –, les Européens interrogés répondaient globalement de manière très partagée, mais avec de très sensibles écarts entre les 80 % de réponses britanniques négatives et des Français répondant « oui » à 70 %. Une autre étude, réalisée un an auparavant par la Sofres, avait déjà fourni des résultats comparables : doutant spontanément des vertus du marché et de la libre concurrence, les Français sondés estimaient, pour 80 % d'entre eux, que l'État ne s'occupait pas assez des questions d'emploi, et, plus généralement, pour une personne sur deux, ne s'occupait pas assez d'économie. La tendance au « plus d'État » n'est donc pas près de s'infléchir alors que, souvent, « plus de moyens » peut être synonyme de « moins de service » quand la mise à disposition d'effectifs supplémentaires se traduit par… un absentéisme lui aussi supérieur à la moyenne.

« Quand plus de mille hôpitaux de toutes tailles et sans coordination assurent des urgences mettant en jeu chaque nuit au minimum dix personnes de garde par institution, alors que l'on recense globalement moins de 400 interventions chirurgicales par nuit en France, on mesure le gâchis en personnels qui pourraient être employés autrement avec une plus grande efficacité, écrit Guy Vallencien, urologue à l'Institut Montsouris. Quand deux villes de 25 000 habitants, séparées d'à peine 30 kilomètres par un réseau autoroutier d'accès facile, s'acharnent à obtenir la totalité des moyens ultra-sophistiqués de diagnostic et de traitement pour leur propre hôpital, on mesure le gouffre financier d'une telle absence d'aménagement du territoire sanitaire », poursuit-il. Sans doute faudra-t-il proposer aux habitants de ces communes d'avoir accès à ces moyens en en payant une partie sur leurs impôts locaux pour qu'ils mesurent la contre-productivité de l'impuissance publique.

Le culte de l'inefficacité

« Nous refusons l'approche par l'usager. Nous avons devant nous des redevables, des assujettis, auxquels nous appliquons la loi en vertu de prérogatives de puissance publique » : ainsi parlait un syndicaliste pour justifier la fronde que Christian Sautter avait suscitée en entreprenant de réformer Bercy. « Vous avez dit hier qu'il fallait adapter les rémunérations aux responsabilités effectives et à la difficulté du travail. Nous, nous sommes pour la gestion administrative des carrières à l'ancienneté. Non au mérite, non à la performance, non à l'efficacité », disait un autre, responsable fédéral à Paris. Cette réforme de Bercy n'avait pourtant rien de révolutionnaire. Tout avait commencé à la fin de l'année 1997 quand le ministre des Finances Dominique Strauss-Kahn avait demandé un rapport comparant les performances respectives des différents pays en matière de gestion et de résultats. Le problème est que ce rapport avait « révélé » que les autres pays avaient su organiser leurs systèmes de manière plus efficace, plus respectueuse des citoyens, et tout cela pour moins cher ! Baisser fortement des effectifs pléthoriques, requalifier les personnels par un programme ambitieux de formation professionnelle, recruter à des niveaux plus élevés, donner plus de responsabilités à chaque agent, tenir compte des besoins des usagers, mettre en place pour les particuliers une déclaration simplifiée, tels étaient les principaux axes d'une réforme de bon sens qui avait pour ambition de mettre en pièces le « bloc d'improductivité ». Une réforme dont le bien-fondé était admis par tous, mais qui n'aboutit à la suppression d'aucun poste, sauf celui du ministre en place, bientôt remplacé par Laurent Fabius. Installé aux commandes, ce dernier s'empressa d'oublier toutes les recommandations que la « Mission d'évaluation et de contrôle » de l'Assemblée nationale, mise en place à son initiative, avait formulée alors qu'il occupait le « perchoir ».

« Mission d'évaluation et de contrôle », « Conseil national de l'évaluation », « Observatoire de l'emploi public », des usines à gaz montées les unes après les autres depuis quelques années pour tenter d'introduire des formes d'évaluation de l'action publique, à une époque où le *benchmarking* a cessé d'être le monopole du secteur marchand. Autant d'initiatives de nature à bouleverser une culture qui a fait de la contre-performance un principe quasiment républicain. Profondément marqué par les conditions historiques de sa construction, si différente des pays anglo-saxons, notre État a souvent eu tendance à considérer qu'une bonne administration se jugeait en termes de régularité par rapport au droit, plus que d'efficacité par rapport à son action. Fonctionnant à l'abri d'un arsenal juridique les isolant du réel et, en particulier, de la vie économique, les administrations ont fini par échapper à toute obligation, et même à toute incitation de s'inquiéter de leurs performances. Ce qu'on appelle, pour faire vite, la bureaucratie n'est qu'un mode de gestion exercé par des fonctionnaires plutôt compétents mais qui s'estiment, et sont de fait, exonérés des exigences du rendement, dans la mesure où ils sont épargnés par toute concurrence et même toute comparaison.

Historiquement utile à l'enracinement de l'État de droit et à l'impartialité du service public, le droit de la fonction publique est devenu contre-performant lorsqu'il a entravé la mise en œuvre de technologies nouvelles, imposé l'ancienneté comme élément de carrière ou exposé toute réforme à la suspicion syndicale, comme dans le cas de Bercy. Par allergie quasiment existentielle à la notion de « service », l'Administration a refusé de se poser les questions vitales qu'un « service public » moderne ne devrait pas éluder : telle mission doit-elle encore être assumée ? Si oui, le secteur public est-il le plus à même de la remplir ou un recours au privé ne serait-il pas préférable ? Et si le public reste le maître d'œuvre, l'organisation qu'il adopte est-elle la plus rationnelle et les moyens dont il dispose sont-ils suffisants, insuffisants ou excessifs au regard des résultats obtenus ?

L'épreuve de la notation annuelle, lieu de mémoire de cette administration, a depuis longtemps perdu toute signification pour devenir un exercice dont l'hypocrisie confine au ridicule le plus achevé. Dans n'importe quel service de n'importe quelle administration, le rituel reste invariablement le même : chaque année, tous les agents, quels que soient leurs mérites et leurs résultats, sont gratifiés de la même augmentation. Chaque administration dispose ainsi de son barème d'évolution implicite, connu de tous. Dans les services hospitaliers strasbourgeois par exemple, tout agent est crédité d'un quart de point supplémentaire chaque année. À la Mairie de Paris, cette augmentation calibrée est de 0,1 point. En outre, pour éviter de créer un fâcheux précédent, il y est recommandé de cocher « excellent » pour toutes les qualités personnelles et professionnelles de l'agent soumises à l'appréciation du notateur. Juger seulement « convenable » telle ou telle capacité relèverait de la mauvaise éducation, l'attribution d'une mention « insuffisant » relevant quant à elle de l'infamie.

La reconnaissance du mérite et la modulation salariale qui l'accompagne restent un tabou difficile à briser. Même si l'actuel ministre de la Fonction publique ainsi que ses collègues de l'Intérieur et de la Justice affichent l'ambition de faire évoluer cette encombrante tradition, les résultats seront dérisoires. En l'état actuel du « dialogue » social, l'espoir reste mince de parvenir à s'inspirer d'un principe que nos voisins d'Europe du Nord notamment, que l'on ne saurait suspecter de dérive libérale, se sont appliqués à mettre en œuvre. Ainsi en Suède, au Danemark et même en Allemagne, des critères de performance individuelle ont été définis afin d'augmenter les rémunérations ou d'accélérer les déroulements de carrière des agents les plus méritants. Serait-il anormal de tenir compte de l'investissement d'un enseignant, affecté dans une zone sensible, très impliqué dans l'équipe pédagogique de son établissement, rarement absent en dépit de conditions de travail difficiles ? Ne doit-on pas considérer que les résultats que son implication lui permet d'obtenir avec des élèves socialement fragiles valent de l'or – dont une partie doit naturellement lui revenir – dans un système globalement figé et reproducteur d'inégalités ? Comme l'écrit Claude Allègre dans *Le Parisien* du lundi 15 septembre 2003 : « Comment comparer un prof de musique de Neuilly à un prof de français de Bondy qui fait feu de tout bois pour apprendre à des élèves qui ne comprennent pas le français, qui prépare ses cours et corrige ses copies ? Et pourtant, ces deux enseignants gagnent strictement le même salaire et font le même nombre d'heures de cours. Quant aux instituteurs, pour le même salaire, ils travaillent deux fois plus. Entre un enseignant débutant et un prof de classe préparatoire, les revenus sont multipliés par cinq. »

Plus que jamais, nous avons besoin d'inverser une tendance de longue durée qui voyait le public imprimer sa marque au privé. Aujourd'hui, la concurrence exige au contraire que le public, tout en restant lui-même, s'inspire justement des méthodes qui ont fait leurs preuves dans le secteur concurrentiel. C'est à ce prix seulement qu'il pourra se doter d'une réactivité qui lui fait défaut dans un monde où tout s'accélère. Plus que jamais, le rythme de l'Administration se montre incompatible avec celui de l'activité, qu'elle soit économique ou sociale. Prenons une association qui œuvre dans un secteur où l'urgence peut parfois prendre une dimension dramatique : le financement public sur lequel repose son action est en général la cause de toutes ses difficultés. Quand l'on sait que plusieurs mois sont nécessaires entre le moment où une association dépose une demande de subvention et le versement effectif des crédits correspondants, on perçoit à quel point l'Administration ne peut répondre aux sensibilités et aux rythmes effrénés de la société d'information.

Mais qui pourrait inciter les pouvoirs publics à changer de rythme quand l'État patron peut toujours se retourner vers l'État percepteur pour éponger les ardoises qu'il accumule ? Un seul chiffre suffit à mesurer le poids de l'inefficacité : il faut prélever sur chaque Français environ 80 euros par mois (500 francs) pour payer les seuls intérêts de la dette qui, dans les vingt dernières années, est passée de 28 à 62 % du PIB.

La nouvelle noblesse

Comment expliquer une telle dérive alors qu'il y a une génération l'État et les hauts commis qui avaient décidé de le servir, comme on entre en religion, forçaient l'admiration de tous ? Faillites ou quasi-faillites d'entreprises publiques, sang contaminé, vache folle, emplois fictifs, autant d'« affaires » qui ont suscité l'écœurement et provoqué la vague de populisme sur laquelle surfe le Front national de Jean-Marie Le Pen. C'est Jacques Julliard qui écrit : « L'improvisation, là où on attendait la hauteur de vues ; l'irresponsabilité chez des hommes qui ont fait le choix de servir l'État mais aussi de le conseiller ; la corruption là où régna si longtemps une austérité puritaine ; le corporatisme à la place de l'intérêt général : tout cela s'est conjugué pour donner aux Français le sentiment du naufrage d'une belle idée et d'une noble institution. » Un naufrage facilité par une cohabitation qui, pour avoir été populaire, n'en a pas moins bloqué le fonctionnement normal de nos institutions et affaibli l'image d'une « classe » politique surtout attachée à la sauvegarde de ses privilèges.

Certes, le détournement d'un bien public au profit d'un intérêt particulier a une longue histoire. Richelieu, Fouquet et Mazarin ont quitté le pouvoir après y avoir amassé des fortunes considérables. Ne prête-t-on pas ce mot à Talleyrand, prononcé dans le carrosse qui le reconduit chez lui après sa nomination à un poste de ministre : « *Et maintenant il faut faire fortune. Une immense fortune.* »[1]

Certes, dans sa très grande majorité, notre classe politique est constituée d'élus dévoués au bien commun. Reste qu'il leur est difficile d'apparaître comme des guides quand une trentaine de ministres, une centaine de maires de grandes villes et de parlementaires ont connu les affres de la mise en examen. Sans grande conséquence, à une époque où entretenir des emplois fictifs ou collecter des fonds de façon irrégulière pour financer des partis sont devenus des péchés véniels.

Certes, le poids de la haute fonction publique n'a rien de nouveau. Le général de Gaulle en son temps s'était entouré d'une équipe de hauts commis exemplaires pour moderniser le pays. François Bloch-Lainé, Paul Delouvrier, Léon Noël ou encore Pierre Gruson, autant d'hommes qui étaient fonctionnaires par profession et serviteurs du bien public par vocation. Dans leur esprit, la frontière entre technocratie et élus, à l'autorité incontestée, devait être respectée. Aujourd'hui la porosité est beaucoup plus marquée et le mélange des genres monnaie courante. En raison d'un double mouvement, fonctionnarisation de la vie politique d'une part et politisation de l'Administration d'autre part, les cabinets ministériels sont devenus le bercail où s'opère la connexion entre jeunes énarques ambitieux et puissants de la politique. Cette sur-représentation des hauts fonctionnaires chez les élus de la nation pose évidemment problème lorsqu'elle prend les dimensions atteintes aujourd'hui : ainsi, lors des élections législatives de 1997, on a enregistré 295 fonctionnaires sur un total de 577 députés, soit 51 %. La quasi-totalité des ministres de Lionel Jospin étaient d'anciens fonctionnaires. Depuis 1974, deux présidents de la République sur trois et neuf premiers ministres sur onze sont sortis de l'ENA. Ce rôle disproportionné des

1. Jacques Julliard, *La Faute aux élites*, Gallimard, 1997.

fonctionnaires et, en particulier, des plus diplômés d'entre eux, résulte d'un parachute qui, pour n'être pas « doré », n'en présente pas moins toutes les garanties de sécurité : la faculté dont les fonctionnaires disposent de retourner dans leur corps d'origine en cas d'échec politique.

Sorties dans le désordre de l'ENA, de Normale-sup et de Polytechnique, quand elles ne les cumulent pas, nos élites en sont arrivées à constituer un groupe social fermé qui monopolise tous les pouvoirs, davantage même que la noblesse d'Ancien Régime. Avec deux ou trois écoles seulement permettant de prétendre aux postes clés, le clonage de cette noblesse et son conformisme intellectuel atteignent une dimension unique. Tel est sans doute le paradoxe dans lequel s'est enfermée l'ENA : après avoir été créée en 1945 pour permettre une démocratisation de la fonction publique, elle a finalement réussi à symboliser cette confiscation du pouvoir et son imperméabilité à de nouveaux profils.

L'avenir professionnel est pratiquement joué à 25-26 ans à la sortie d'une école dont le diplôme, selon le classement obtenu, forge les carrières individuelles et l'architecture de l'Administration pour les décennies suivantes. Selon une tradition bien ancrée, les grands corps ont même chacun leur chasse gardée, les polytechniciens régnant sur les ministères des Finances et des Transports, les « Mines » noyautant le secteur du nucléaire, les « Ponts et Chaussées » se partageant les grandes entreprises de transport. Sans contester la qualité de la formation « technique » dispensée dans ces antichambres du pouvoir, est-on bien sûr que l'« excellence scolaire » qui exige avant tout des candidats une grande maîtrise de l'abstraction et des bonnes manières soit le meilleur critère de sélection des décideurs ? Comment justifier d'utiliser les titres obtenus à vingt ans pour définir la compétence à cinquante ? Comment imaginer qu'il suffise de trouver un bon concept pour mener une politique intelligente ?

Aucune évaluation ultérieure ne permet ensuite de retoucher, sauf à la marge, une histoire écrite à l'avance. Une histoire longue peu sensible à l'écume des événements. Selon une courbe ascensionnelle garantie, cette nouvelle noblesse cheminera parmi les instances administratives les plus prestigieuses, avec la prudence nécessaire qui la mettra à l'abri des alternances politiques. Conseil supérieur de l'audiovisuel, Commission des opérations de Bourse, Direction du Trésor, Commissariat général au Plan, Banque de France, Conseil de la concurrence, Autorité de régulation des communications : autant d'instances dont la liste a explosé au cours des dernières années, autant de niches pour ces « aristocrates » qui composent *a minima* avec les élus, conscients du fait que leur longévité est sans commune mesure avec celle des « représentants » du peuple. Certaines décisions majeures peuvent même se prendre dans l'intimité de ces cercles restreints. Cette caste en arrive ainsi à éprouver le sentiment de diriger l'État. Loin des alternances politiques, elle pense incarner la permanence du système alors qu'elle en entretient seulement l'inertie. C'est Martine Aubry qui écrivait en 1994 : « L'étendue des pouvoirs du gouvernement – nomination de dirigeants, réglementations spécialisées dans tous les domaines, affectation de fonds – a favorisé la construction d'un système en circuit fermé, mêlant responsables politiques qui tous travaillent dans le secret. La gauche avait légitimement critiqué cette situation. Elle n'a pas su y échapper en arrivant au pouvoir. »

Le mal aurait pu être circonscrit si cette nouvelle noblesse ne s'était pas mise en tête de coloniser le secteur privé et d'imposer ce que certains ont appelé un « capitalisme d'establishment » gangrené par la tyrannie du diplôme. Ainsi, à l'heure actuelle, la moitié environ des patrons des deux cents premiers groupes français sortent des grands corps de l'État. À titre de seule comparaison, ce taux n'est que de 5 % en Grande-Bretagne. Cette proportion atteint des sommets dans certaines de nos entreprises : en 1997, la totalité des administrateurs de Vivendi était sortie de l'ENA ou de l'X. On a pu en mesurer les conséquences... Chez Elf, cette proportion atteignait 80 %. En 1999, sur les 9 administrateurs français non salariés de la BNP, 7 étaient des énarques – dont 6 inspecteurs des finances – et 2 des polytechniciens ; 5 de ces 9 personnes étaient passées par un cabinet ministériel. À la Société Générale, la proportion était de 8 énarques – dont 5 inspecteurs des finances – et 4 polytechniciens sur 13 administrateurs, 7 d'entre eux ayant également transité par des cabinets ministériels. Un contraste saisissant avec les pratiques observées chez nos partenaires d'outre-Atlantique notamment, comme le relevait Felix Rohatyn, lorsqu'il était ambassadeur des États-Unis en France, après avoir participé à une rencontre de chefs d'entreprises des deux pays : « Les Français sortaient à 95 % des grandes écoles. Les Américains venaient à 90 % de petites villes de province et avaient fréquenté leurs modestes universités. » Si, pour parvenir au sommet des plus grandes entreprises, les dirigeants allemands doivent patiemment faire leurs preuves, en France, les énarques refusent de démarrer à un niveau modeste et accèdent directement aux plus hautes responsabilités sans avoir accumulé les expériences qui rendent prudent et pragmatique.

Pourtant, les principes de la compétition individuelle, qui sont la clé du succès aux concours des grandes écoles, semblent encourager un style de management et de gestion que le secteur concurrentiel, de son côté, a rejeté. À l'X ou à l'ENA, nous sommes en effet très loin du type de formation dispensé dans les *business schools* anglo-saxonnes. Issus de la haute fonction publique, ces patrons ont maintenu un système décisionnel hiérarchique d'autant plus marqué que, jusqu'à la montée récente des fonds de pension américains, ils n'avaient en face d'eux aucun actionnaire de poids avec lequel composer. Ainsi, une enquête réalisée auprès d'environ 100 000 employés de la société IBM, répartis dans 72 pays, a-t-elle pointé le cas de la France où, selon les personnes interrogées, la distance hiérarchique entre supérieur et subordonné est, de loin, la plus importante du monde occidental.

Cet amour de la hiérarchie et, plus généralement, de la « verticalité », nous en trouvons bien d'autres traces. Sans doute tient-il au penchant, jamais perdu, que nous continuons d'éprouver pour l'Ancien Régime et ses privilèges. De l'entreprise à l'école, la France demeure « verticale ». Autocratisme, faible concertation, place trop limitée aux initiatives, promotions peu nombreuses, formation insuffisante du personnel d'« exécution », place toujours limitée des femmes, le conservatisme y est bien ancré.

Si la société se trouve « bloquée », si la machine administrative semble totalement grippée, si l'on s'évertue toujours à craindre et refuser l'avenir au nom de raisonnements d'intérêt général souvent discutables – tel le quadrillage territorial des bureaux de poste défini pour une France qui se déplaçait à cheval –, si l'on continue à rejeter les règles du « marché », c'est que les valeurs qui ont assuré l'émergence d'une société industrielle hiérarchisée ne sont plus adaptées à la société de services et d'information dont l'épanouissement exige une véritable révolution culturelle. Pourquoi est-ce seulement dans les services de l'État que les techniques de l'information ne se traduisent pas par des économies de main-d'œuvre mais par l'accroissement des formulaires ? Le Conseil d'État lui-même n'a-t-il pas reproché au législateur cette frénésie réglementaire qui fait que « trop de loi tue la loi » ? C'est Martine Aubry encore qui déclarait, pour illustrer cet emballement : « Le *Journal officiel* est passé de 7 000 pages en 1976 à 17 000 aujourd'hui. Le code du travail et le code des impôts ont augmenté en volume de 35 % depuis 1978. » Pourtant la même Martine Aubry, devenue ministre des Affaires sociales, fit publier un texte de loi sur les 35 heures qui nécessita, à lui seul, plus de vingt pages du *Journal officiel*.

Alors que les entreprises doivent trouver des solutions pour s'adapter à un environnement dont les contours sont bouleversés, pour décentraliser les décisions et redéfinir le contenu des emplois, pour réduire les coûts et rechercher de nouveaux clients, la puissance publique a voulu maintenir, au nom d'un « service public » dont l'efficacité et l'équité ne sont plus assurées, un « secteur public » de plus en plus inadapté à la réalité d'aujourd'hui. À cet égard, les pertes des trente-cinq entreprises publiques industrielles et de services, qui ont pratiquement doublé en 2002, passant de 10 milliards à 18 milliards d'euros, alors que leur chiffre d'affaires enregistrait une honnête croissance de 7,3 % par rapport à 2001, donnent la mesure des impuissances de l'État actionnaire à l'heure où la France voit déraper ses déficits publics. Ces entreprises doivent « améliorer leur productivité », souligne le premier rapport d'activité de la nouvelle Agence de participations de l'État, créée en mars 2003. Un pari difficile quand les longs cortèges des fonctionnaires et des agents des entreprises publiques s'indignent des plans sociaux et en appellent à la réduction des inégalités alors même qu'ils ne les subissent pas, ou crient au déclin du service public tout en refusant une véritable évaluation de ses pratiques.

Ces cortèges dessinent la frontière entre les deux France, celle où l'exigence de productivité est devenue un gage de survie et où la réussite côtoie en permanence le risque, et celle qui, du haut des forteresses qu'elle a édifiées, a fini par estimer qu'elle n'existe que pour elle-même. Reste que si la Bastille était facile à prendre au temps de l'abbé Sieyès, les nouvelles bastilles semblent aujourd'hui imprenables.

8

La France qui bafouille,
ou éducativement incorrect

Des enseignants jetant symboliquement le livre de leur ministre-philosophe dans la rue, des professeurs impuissants face à des élèves qu'ils ne parviennent ni à instruire ni à civiliser, des classes léthargiques dans lesquelles tout le monde s'ennuie, une idéologie multiculturelle qui considère comme un crime tout effort de transmission aux immigrés de valeurs et de savoirs qui pourraient choquer leur identité, des milieux supposés « intellectuels » se comportant de manière totalement irrationnelle et transmettant les plus folles des rumeurs, un système qui ne croit plus aujourd'hui dans sa capacité à lutter contre les inégalités sociales, les enseignants les plus chevronnés et les plus diplômés se concentrant dans les communes les plus riches, un marché des cours particuliers prospérant sur l'angoisse des parents, tel est l'état pour le moins alarmant de l'« école » qui avait fait la gloire et le bonheur de la République. Si une seule chose bouge à l'Éducation nationale, ce sont les ministres. Pour le reste, le « mammouth », comme la plupart des institutions publiques, a pris une génération de retard sur la découverte que les entreprises ont faite dans les années 1970 : pour être efficace et accepté, mieux vaut donner aux clients des services adaptés et performants. « Client » et « performance », deux expressions qui n'ont

181

évidemment pas cours dans un système qui ne connaît que des « sujets » et des « moyens ».

Les « sujets », ils étaient pour l'année scolaire 2002-2003 14,2 millions. Les « moyens », ils s'élevaient à la même date à 108,1 milliards d'euros, soit deux fois le montant de l'impôt sur le revenu. À prix constants, la dépense par habitant est passée d'un peu plus de 1 000 euros en 1975 (6 300 francs) à un peu moins de 1 700 euros aujourd'hui (11 000 francs). Par élève, toujours aux prix actuels, la dépense a pratique-ment doublé, passant de 21 600 francs en 1975 à près de 40 000 francs aujourd'hui. Une croissance qui témoigne, contrairement à ce que clament la plupart des acteurs, d'un effort financier qui s'est amplifié alors même que la démo-graphie scolaire s'est depuis plusieurs années nettement orientée à la baisse. Ainsi, dans les dix dernières années, le budget de l'Éducation nationale a augmenté en prix constants de 42 %. Son poids dans le budget général de l'État est passé de 18,4 % en 1990 à 22,7 % en 2001. Dans le même temps, les effectifs scolaires dans le primaire et le secondaire ont diminué de 550 000 élèves. Dans l'ensei-gnement public du premier degré, qui a perdu en dix ans près de 370 000 de ses élèves (– 6 %), les effectifs d'insti-tuteurs et de professeurs des écoles sont restés stables. Dans le second degré, le nombre d'enseignants dans les collèges et les lycées publics est passé de 332 000 en 1990 à 431 000 en 2000, soit une augmentation de 30 % alors que, sur la même période, les effectifs diminuaient de près de 90 000 élèves (– 2 %). La question est donc bien de savoir si la diminution du nombre d'élèves par classe et l'augmentation du taux d'encadrement se sont traduites par une meilleure efficacité du système éducatif, par l'obtention de meilleures « performances ».

Des rendements décroissants

Évaluer l'efficacité d'une politique éducative en comparant ses résultats aux objectifs assignés et aux moyens mis en œuvre n'est pas une affaire simple. La première difficulté, en effet, est de définir les objectifs du système éducatif. De quoi s'agit-il en la matière ? D'amener 80 % d'une génération au bac ? De transmettre une culture sous la forme de connaissances, de méthodes de travail et de comportements ? De former à un métier ? De préparer les jeunes à la vie citoyenne ? De lutter contre les ségrégations sociales ?

La seconde difficulté, qui n'est pas la moindre, consiste à aligner des résultats. Outre les incertitudes sur le caractère objectif de la notation des élèves et de la correction des examens que mettent en lumière tous les travaux de docimologie[1], les indicateurs relatifs à l'orientation des élèves ou l'évolution du nombre de diplômes délivrés ne renseignent pas, par eux-mêmes, sur l'efficacité de l'école. Ainsi, le fait d'atteindre un taux de 80 % des élèves accédant au niveau du baccalauréat ne peut constituer en lui-même la preuve d'une amélioration car il peut résulter de choix délibérés. De même, les comparaisons dans le temps tendant à cerner l'évolution de l'efficacité de l'enseignement à travers les diplômes qu'il dispense sont délicates à opérer car la seule observation du nombre et du niveau de ces diplômes ne peut rendre compte du savoir qui a été validé à un moment donné.

Ainsi, selon une étude comparative menée à partir d'épreuves du certificat d'études primaires, réellement données en 1923, 1924 et 1925, les résultats des élèves d'aujourd'hui seraient meilleurs en rédaction et équivalents dans les questions de dictée portant sur la compréhension du texte et en calcul (sauf en multiplication) ; en revanche, ils seraient plus

1. Étude des facteurs déterminant la notation des examens et des concours.

faibles en orthographe et grammaire, et dans la résolution des problèmes posés dans les années 1920.

Il est difficile toutefois d'établir des comparaisons sur des périodes aussi longues, ne serait-ce que parce que les exigences de la société quant au bagage de connaissances et de compétences ont évolué au fil du temps. On est, par exemple, plus attaché aujourd'hui à l'intelligence d'un texte qu'au respect formel de l'orthographe.

Sur des périodes plus courtes, les comparaisons sont plus probantes. Ainsi, entre 1981 et 1995, le niveau moyen des conscrits aurait progressé de 18 %. Sur 110 points maximum qui représentent la somme maximale des tests de raisonnement, de logique et d'intelligence, l'augmentation du niveau général brut moyen de l'ensemble des conscrits est passé de 64,3 en 1981 à 75,6 en 1995. Une hausse essentiellement liée au fait que les diplômés supérieurs sont de plus en plus nombreux. Par contre, ceux qui ont quitté l'école sans obtenir le brevet, le CAP ou le BEP ont des résultats plus faibles qu'avant. Deux France encore qui se distinguent.

Autant d'incertitudes qui sont source d'autant de confusions. Si les pouvoirs publics mettent en avant l'augmentation des effectifs préscolarisés à l'âge de trois ans pour expliquer la part d'une classe d'âge accédant au niveau du baccalauréat, voire même au premier cycle d'enseignement supérieur, rien n'indique que cet accueil accru a effectivement permis de mieux former les jeunes. Il en va de même des indicateurs relatifs au taux d'encadrement pédagogique des élèves dont l'augmentation est souvent tenue par les acteurs et les usagers comme la preuve d'une efficacité accrue du service d'enseignement, alors même que toutes les études disponibles sur ce point démontrent qu'il n'existe pas de lien avéré entre les performances des élèves et leurs effectifs par classe.

Au niveau financier, enfin, si les publications du ministère permettent de décrire le coût global du système éducatif, d'en déduire les dépenses moyennes par élève ou niveau de formation, rien ne permet d'évaluer le coût d'un établissement ou l'efficacité des moyens supplémentaires mis en œuvre. Comme le constate la Cour des comptes dans son rapport de 2003 sur « la gestion du système éducatif », « l'absence d'objectifs précis, des incertitudes constantes pour mesurer objectivement les résultats, une culture pédagogique trop souvent oublieuse des considérations financières ne faciliteront pas, à l'évidence, la mise en œuvre des nouvelles procédures d'évaluation et de suivi du budget ».

C'est la raison pour laquelle il faut saluer la dernière étude de l'OCDE intitulée « Regards sur l'éducation ». Observant, d'une manière que nos enseignants qualifieraient d'« ultralibérale », que « le défi posé aux pouvoirs publics consiste à investir des ressources avec efficience pour proposer des formations dont la nature et le type correspondent à des besoins réels et dynamiques », le Secrétariat chargé des questions d'éducation a préparé et analysé des indicateurs quantitatifs qui offrent aux pays la possibilité de comparer leur système éducatif à celui des autres pays.

Tout d'abord, le Programme International pour le Suivi des Acquis des élèves (PISA), lancé par les gouvernements pour étudier la performance des élèves de façon suivie, en se servant d'un cadre conceptuel faisant l'objet d'un consensus à l'échelle internationale, fournit désormais des données comparables sur les résultats de l'éducation et de l'apprentissage ainsi que sur les facteurs essentiels qui conditionnent ces résultats. Deuxièmement, une proportion croissante d'indicateurs ne se cantonne plus à la performance moyenne d'un pays et intègre à présent des données concernant le sexe, l'âge, le milieu socio-professionnel ou le type d'établissement.

À cet égard, et c'est la principale leçon qu'il faut tirer de cet honnête et remarquable effort international d'évaluation, la France, qui consacre à l'éducation de sa jeunesse plus que la moyenne, affiche des résultats qui ne sont pas à la mesure de son effort financier. La lecture du tableau 52 est édifiante.

TABLEAU 52

LES PERFORMANCES FINANCIÈRES
DES SYSTÈMES ÉDUCATIFS

	Dépenses publiques d'éducation (en % du PIB)	Population ayant atteint une formation secondaire (moyenne hommes-femmes de 25 à 34 ans)
Allemagne	5,6	85
Autriche	6,3	84
Australie	5,8	71
Belgique	5,5	76
Canada	6,6	90
Corée	6,8	93
Danemark	6,7	87
Espagne	5,3	57
États-Unis	6,5	88
Finlande	5,8	87
France	*6,9*	*78*
Grèce	3,9	73
Hongrie	5,2	80
Irlande	4,6	74
Italie	4,8	58
Japon	4,7	94
Norvège	6,6	94
Pays-Bas	4,7	74
Pologne	5,3	47
Portugal	5,7	33
République slovaque	4,4	94
République tchèque	4,7	93
Royaume-Uni	5,2	68
Suède	6,7	90
Suisse	5,9	92

Source : *Regards sur l'éducation,* OCDE, 2002.

Seuls sept pays dépensent plus que la France pour leur système éducatif mais quinze font mieux qu'elle. Le Japon, la République tchèque et la République slovaque dépensent en moyenne 1,5 % de PIB en moins que la France, soit une somme qui représente à peu près la moitié de l'impôt français sur le revenu. En revanche, ils présentent 20 % de plus d'une population de 25 à 34 ans ayant atteint une formation secondaire. La Grèce, qui ne consacre que 3,9 % de son PIB aux dépenses d'éducation, talonne maintenant la France, après avoir comblé dans les trente dernières années un retard considérable. Ainsi, alors que de 1975 à nos jours la dépense publique pour l'éducation a doublé à prix constants, la France n'a guère amélioré son classement international, passant pour les hommes du 18e rang des nations développées au 17e rang, et pour les femmes plafonnant au 16e rang. « Peut mieux faire », serait-on tenté d'écrire.

Surtout, en compréhension de l'écrit chez les jeunes de 15 ans, c'est-à-dire en capacité à comprendre, utiliser et réfléchir sur des textes écrits, la France pointe seulement au 14e rang. Cinq pays obtiennent 15 % au moins des élèves atteignant le niveau de compétence le plus élevé, l'Australie, le Canada, la Finlande, la Nouvelle-Zélande et le Royaume-Uni. Trois autres pays sont entre 12 et 15 % à ce niveau élevé, la Belgique, les États-Unis et l'Irlande. La France est seulement au 16e rang.

Au bas de l'échelle, 15 % des jeunes Français de 15 ans ne sont pas capables de mettre couramment en œuvre les connaissances et les compétences les plus élémentaires, ce qui nous place au 11e rang derrière la Finlande, la Corée, le Canada, le Japon, l'Irlande, la Nouvelle-Zélande, l'Australie, le Royaume-Uni, la Suède et l'Autriche. À cet égard, la performance de la Finlande est tout à fait remarquable. L'écart qui sépare sa moyenne (546 points) de celle de la moyenne des pays de l'OCDE (500 points) représente près de deux tiers d'un niveau de compétence. Or, il faut le rappeler, la Finlande utilise 5,8 % de son PIB en dépenses publiques d'éducation, soit 1,1 % de moins que la France, dont la moyenne est seulement de

TABLEAU 53

POURCENTAGE D'ÉLÈVES DE 15 ANS
ATTEIGNANT LE PLUS HAUT NIVEAU
DE COMPRÉHENSION DE L'ÉCRIT

Ensemble des pays	12,6 %
dont	
Nouvelle-Zélande	19 %
Finlande	18 %
Australie	18 %
Canada	17 %
Royaume-Uni	16 %
Irlande	14 %
Belgique	12 %
États-Unis	12 %
Norvège	11 %
Suède	11 %
Japon	10 %
Autriche	9 %
Islande	9 %
Suisse	9 %
Allemagne	9 %
France	*8 %*

Source : *Regards sur l'Éducation,* OCDE, 2002.

505 points. Surtout, en France, l'écart entre le quart le plus faible des élèves et le quart le plus fort représente 136 points, alors qu'en Finlande il ne représente que 116 points.Non seulement la Finlande est largement au-dessus du panier, mais, mieux encore, l'écart entre les plus faibles et les plus forts y est assez restreint. Un exemple remarquable de performance et de démocratisation. Autre enseignement : la France est au 5e rang pour les sommes qu'elle consacre aux élèves du collège qui font l'objet de l'enquête mais au 16e rang seulement en

TABLEAU 54

PERFORMANCES MOYENNES DES ÉLÈVES DE 15 ANS
EN COMPRÉHENSION DE L'ÉCRIT ET DÉPENSES D'ÉDUCATION PAR ÉLÈVE
(en équivalents dollars US, convertis sur la base des parités des pouvoirs d'achat)

	Score moyen *(score maximum 625 points)*	Dépenses d'éducation		Score moyen *(score maximum 625 points)*	Dépenses d'éducation
Moyenne des pays	500	5 473	Irlande	527	4 401
dont			Islande	507	nd
Allemagne	484	4 918	Italie	487	6 206
Australie	528	6 710	Japon	522	5 612
Autriche	507	8 434	Luxembourg	441	nd
Belgique	507	nd	Mexique	422	1 129
Canada	534	nd	Norvège	505	7 387
Corée	525	3 208	Nouvelle-Zélande	529	nd
Danemark	497	6 904	Pologne	479	nd
Espagne	493	nd	Portugal	470	4 958
États-Unis	504	nd	République tchèque	492	2 998
Finlande	546	6 390	Royaume-Uni	523	3 627
France	*505*	*6 657*	Suède	516	5 678
Grèce	474	nd	Suisse	494	7 824
Hongrie	480	nd			

nd : non donné.
Source : *Regards sur l'Éducation*, OCDE, 2002.

termes de performances. La Finlande qui nous devance de près de 10 % en performance moyenne dépense 8 % de moins par élève. Un écart à méditer par tous ceux qui veulent réfléchir sur l'efficacité et l'équité de la dépense publique d'éducation.

Un autre volet de l'enquête de l'OCDE évalue « la culture mathématique » dans les divers pays, c'est-à-dire la capacité des élèves à identifier et interpréter les problèmes mathématiques qui se posent dans leur vie, à réfléchir aux méthodes utilisées et à formuler des solutions. Une capacité de nature à influer sur le rôle que joueront les divers pays dans l'avenir des technologies de pointe. Une nouvelle fois, la France se situe dans la moyenne des pays de l'OCDE, devancée par l'Australie, l'Autriche, la Belgique, le Canada, le Danemark, la Finlande, le Japon, la Corée, la Nouvelle-Zélande, la Suisse et le Royaume-Uni.

Dans le domaine de la « culture scientifique », la France fait exactement la moyenne des pays (500 points), devancée par l'Australie (528), l'Autriche (519), le Canada (529), la République tchèque (511), la Finlande (538), l'Irlande (513), le Japon (550), la Corée (552), la Nouvelle-Zélande (528), l'Espagne (512) et le Royaume-Uni (532). Et, en Corée, l'écart entre les plus faibles et les plus forts n'est que de 111 points contre 146 points en France.

C'est par ailleurs en Finlande, en Islande et en Suède que les différences entre les divers établissements du pays sont les plus faibles, de 7 à 11 % seulement. Dans ces trois pays, il n'existe pas de liaison étroite entre la performance des élèves et les établissements qu'ils fréquentent. Tous les établissements se valent ou presque. C'est en Allemagne, en Autriche, en Belgique, en Grèce, en Hongrie, en Italie, en Pologne et en République tchèque que, par contre, la disparité des établissements est la plus forte. Il est dommage que la France n'ait pas souhaité participer à cette dernière évaluation de son système éducatif.

TABLEAU 55

PERFORMANCES DES ÉLÈVES DE 15 ANS EN CULTURE MATHÉMATIQUE

Australie	533
Allemagne	490
Autriche	515
Belgique	520
Canada	533
Corée	547
Danemark	514
Espagne	476
États-Unis	493
Finlande	536
France	*517*
Grèce	447
Hongrie	488
Irlande	514
Islande	503
Italie	457
Japon	557
Luxembourg	448
Mexique	387
Norvège	499
Nouvelle-Zélande	537
Pologne	470
Portugal	454
République tchèque	498
Royaume-Uni	529
Suède	510
Moyenne des pays	500

Source : *Regards sur l'éducation*, OCDE, 2002.

Panne d'ascenseur

C'est que, en France plus qu'ailleurs, la question de l'efficacité du système éducatif fait l'objet de débats passionnés qui suscitent de nombreuses controverses. Si, quantitativement, les effectifs scolarisés et les diplômes décernés ont bien augmenté, peut-on dire pour autant que les inégalités entre les Français se sont estompées ?

Pour répondre à cette question capitale, on ne prenait autrefois en compte que l'allongement général de la scolarisation et l'élévation moyenne du niveau général d'instruction. Mais écrire aujourd'hui que la proportion d'enfants d'ouvriers réalisant un cursus complet au collège est passée de 58 % parmi les élèves entrés en sixième en 1980 à 91 % parmi ceux entrés en sixième en 1989 ne veut, évidemment, plus rien dire. Dans la mesure où l'orientation en fin de cinquième a été progressivement supprimée et où, à partir de la rentrée 1986-1987, des quatrièmes et troisièmes technologiques ont été mises en place pour accueillir massivement des jeunes d'origine populaire auparavant orientés dans des préparations au CAP, tout élève entrant en sixième finit aujourd'hui son premier cycle.

Plus pertinent, le taux moyen d'accès à l'entrée en seconde d'enfants d'ouvriers est passé de 11,4 % pour la génération née entre 1939 et 1948 à 28 % pour celle née entre 1964 et 1973. Dans le même temps, le taux d'obtention du bac pour ces mêmes générations d'enfants d'ouvriers est passé de 6,2 % à 24,3 %. De même, les chances d'accéder à l'enseignement supérieur ont été multipliées par plus de trois pour les enfants d'ouvriers alors qu'elles ont été multipliées par deux pour l'ensemble des jeunes de 20 ans.

Mais cette démocratisation globale masque d'autres formes d'inégalités plus spectaculaires. Au collège, tout d'abord, les disparités entre établissements se sont renforcées au fil du temps. Aujourd'hui, si 10 % des collèges accueillent moins de 20 % d'élèves défavorisés, 10 % en accueillent plus de 64 %.

Identifiés depuis 1994 comme « sensibles », ils concentrent dans des secteurs géographiques gravement touchés par la pauvreté et le chômage des enfants culturellement, économiquement et socialement défavorisés. Là , la proportion d'élèves en retard de deux ans et plus atteint 17 % alors qu'elle n'est que de 5,2 % pour l'ensemble des collèges publics.

Le collège unique, innovation la plus radicale de l'après-Deuxième Guerre mondiale, n'est pas vraiment parvenu à ce que le modèle éducatif conçu pour une élite convienne à tous. À vrai dire, cette « utopie » des années 1970 part avec un handicap majeur : 15 % des enfants sortent du primaire sans les acquis de base. Pis, des notes internes du ministère de l'Éducation nationale portent même cette proportion à 20 %, et François Dubet, un spécialiste de ces questions, estime qu'« un tiers des élèves entrent au collège avec de graves lacunes ». C'est donner la mesure du gaspillage de l'argent public. C'est préparer surtout le développement d'un véritable *apartheid* qui s'est incontestablement durci. En Île-de-France, une étude publiée en juin 2003 par le CREDOC montre que les ségrégations sociales minent le collège unique . À l'origine, chez les enseignants, deux tendances principales s'étaient opposées. Les professeurs du secondaire souhaitaient donner aux enfants du peuple l'enseignement qu'ils dispensaient à une minorité privilégiée. Les enseignants du primaire estimaient que familles et élèves ne demandaient pas cette culture « classique », désincarnée et lointaine, mais un enseignement plus concret, proche de l'univers quotidien des élèves et plus attentif à leurs débouchés professionnels. Au fil des années, c'est la volonté des premiers qui s'est imposée, alors qu'on mesure aujourd'hui l'impossibilité d'imposer ce modèle à l'ensemble d'une classe d'âge. Comme l'écrit, avec brutalité mais avec raison, Claude Allègre, « l'enseignement secondaire est devenu un enseignement de masse, alors que les professeurs persistent à penser qu'il s'agit d'un enseignement d'élite. Ces derniers pratiquent une pédagogie de sélection et d'exclusion, alors qu'il faudrait développer une pédagogie d'intégration et d'adaptation. »

Le résultat est dramatique et brise le lien qu'avait noué l'« école de la République » avec la société française. « Dans les années 1950, un jeune de banlieue pouvait se tirer d'affaire grâce à l'instruction. C'est fini. La mobilité sociale est brisée », constate Jean-Pierre Rioux, historien et Inspecteur général de l'Éducation nationale. « L'école n'a pas réussi à corriger les inégalités mais les a amplifiées », ajoutent les membres du Haut Conseil de l'évaluation, placé sous la présidence de l'ancien directeur de cabinet de Jack Lang.

À cet égard, la région Île-de-France illustre à l'extrême le phénomène de ségrégation qui s'est amplifié depuis dix ans. Les établissements les plus anciens jouissent de la meilleure réputation parce qu'ils ont toujours scolarisé des élèves dont l'origine sociale et l'adaptation à l'école étaient supérieures à la moyenne. À l'opposé, les nouveaux établissements, implantés dans les zones denses des cités populaires ou dans les zones où s'effectue l'accession à la propriété des classes moyennes, affichent des résultats plus faibles. Un phénomène qu'amplifie la rumeur et qui nourrit l'inquiétude des familles.

TABLEAU 56

LA RÉUSSITE SCOLAIRE EN ÎLE-DE-FRANCE ET LA COMPOSITION SOCIALE DES COMMUNES

	Communes les plus riches de l'agglomération parisienne	Communes denses à population défavorisée
Taux de scolarisation des 19-24 ans en %	83	51
% d'élèves en retard en 3ᵉ	4,4	13,1
Taux de réussite au bac S, en %	88	66
Taux de réussite au bac ES, en %	88	65

À cet égard, les résultats du tableau 56, que pressentent les parents sans les connaître vraiment, déterminent des stratégies complexes et des frustrations vives : les établissements les plus enviés sont les collèges et les lycées publics de la capitale ; viennent ensuite les établissements du privé ; à défaut, on tente les filières du public qui ménagent des classes de niveau déguisées (langues rares, disciplines artistiques ou sportives) ; faute de quoi, les parents privilégient les cités scolaires qui assurent la continuité collège-lycée. Restent, en fin de chaîne, les collèges sans atouts particuliers.

Surtout, cette stratégie consumériste parfaitement adaptée à la réalité du « marché » est aussi celle des enseignants dont la stratégie d'« évitement n'est pas moindre.

TABLEAU 57

LES ENSEIGNANTS ET LA CARTE SCOLAIRE EN ÎLE-DE-FRANCE

	Communes les plus riches de l'agglomération parisienne	Communes denses à population défavorisée
% d'enseignants de moins de 26 ans	3	13
% d'enseignants de 50 ans et plus	48	17
% d'enseignants contractuels et maîtres auxiliaires	3	9
% d'agrégés	43	21

L'analyse statistique montre que les déroulements de carrière favorisent la concentration des enseignants les plus expérimentés dans les communes les plus favorisées et la sur-représentation des débutants dans les communes les moins favorisées dont les établissements sont considérés comme de véritables purgatoires. Signe des temps : en région parisienne, quatre enseignants sur dix ne scolarisent pas leurs enfants dans le collège ou le lycée de leur quartier ! À l'intérieur même des établissements, le choix des sections confirme les clivages entre ceux qui « savent » et ceux qui ne savent pas : 26 % des enfants d'enseignants choisissent l'allemand comme première langue contre 8 % des enfants d'ouvriers non qualifiés.

Ce processus de sélection descend désormais jusqu'au niveau des écoles. Les familles les plus mobilisées par la réussite scolaire de leurs enfants recherchent une inscription dans l'école réputée la meilleure. Une fois ce processus installé, il devient difficile de lutter contre la dévalorisation des autres établissements. L'école est ainsi de plus en saisie par les inégalités sociales, à la fois par ceux qui l'utilisent et par ceux qui la font fonctionner. L'école de Jules Ferry, qui devait modeler la société, en est devenue le simple reflet.

Une catégorie d'élèves est particulièrement atteinte par cette évolution, les enfants issus de l'émigration qui, marginalisés et exclus des circuits « normaux », s'enferment dans des attitudes violentes et agressives. Au total, et c'est bien la « performance » la plus « piteuse », plus d'un million de jeunes sont sortis de l'école depuis vingt ans sans qualification et ont été promis au chômage. « Quand, à l'école, on s'est senti condamné à l'échec, il est difficile ensuite de se penser capable de réussir quoi que ce soit », note Philippe Meirieu. Mais, comme le pensent trop d'enseignants, « ce n'est pas de leur faute ». Ce n'est pas l'école qui créerait les clivages sociaux, elle en subirait les conséquences. Ce n'est pas l'école qui est défectueuse, c'est la société. Particulièrement allergiques à l'économie de « marché », les enseignants, en fait, en sont venus à épouser ses supposées logiques.

Une attitude de résignation qui détermine les méthodes pédagogiques utilisées à l'égard des plus faibles comme les orientations qui leur sont données. Les produits du « Bon marché » rive gauche pour les plus favorisés ; les produits Leader price pour les plus démunis. Reconnaissant l'échec du collège unique, la majorité des enseignants du secondaire accepte non seulement qu'il disparaisse mais encore qu'on renforce les pratiques actuelles et que les sélections soient plus précoces et plus rigoureuses. 42 % des enfants d'ouvriers non qualifiés entrés en sixième en 1995 ont ainsi redoublé contre 5 % des enfants d'enseignants.

Certes, 27 % de fils d'ouvriers ont atteint ou dépassé en 1998 le niveau du BEP ou du bac, mais de quel bac s'agit-il ? En dépit des multiples réformes, la filière « générale » du secondaire est bien restée la voie royale avec ses caractéristiques : abstraction dominante, individualisme encouragé et ouverture limitée sur l'extérieur. Pour la France d'« en haut », abstraction et déduction ; pour la France d'« en bas », pratique et induction. Alors que les emplois dans les services qu'exerceront la plupart des jeunes exigent une pratique du travail collectif, l'individualisme est la règle.

Ainsi, au lycée, la terminale scientifique s'est nettement « embourgeoisée ». La part des élèves d'origine moyenne ou supérieure est de 67,5 % dans les terminales S, option « mathématiques », de 54,3 % dans les terminales L, de 51,2 % dans les terminales ES, de 38,3 % dans les terminales STI (Sciences et Technologies Industrielles) et de 37,4 % dans les terminales STT (Sciences et Technologies Tertiaires). Dans ces dernières, les anciennes « G » chantées par Michel Sardou, la part des enfants d'origine populaire est passée de 58 % en 1985 à 62,6 % en 1995. Des enfants qui entrent maintenent à l'Université par défaut alors que la grande majorité des S accèdent aux classes préparatoires aux grandes écoles. Là, la discrimination sociale reste forte : 42 % de ceux dont le père est cadre, de profession libérale ou chef d'entreprise entrent en classe préparatoire, contre 17 % seulement des enfants d'employés et 15 % des enfants d'ouvriers. Dans l'agglomération parisienne surtout, la propension d'un enfant de cadre à entrer en classe préparatoire est près de cinq fois plus élevée que celle d'un enfant d'ouvrier.

À l'inverse, la voie professionnelle est toujours considérée comme un choix négatif provoqué par l'échec. Et le processus se poursuit : nombre d'élèves sont « orientés » vers une spécialité qui ne correspond pas du tout à leurs aspirations mais dans laquelle existent, tout simplement, des places disponibles. Publiée en octobre 2002, une étude du ministère de l'Éducation révèle que près de deux tiers des jeunes qui quittent l'enseignement professionnel sont des élèves qui ont été orientés vers des métiers qui ne leur plaisaient pas. Au total, ces jeunes représentaient les cinq sixièmes des 60 000 qui, chaque année, quittent l'école sans titre. Autant dire que la fonction de l'enseignement professionnel a surtout été de maintenir les enfants les plus défavorisés à l'écart de l'enseignement haut de gamme qui leur avait été en principe ouvert.

Tout s'est passé comme si, semble-t-il, l'Éducation nationale était parvenue à défendre ses traditions sans que le système éducatif, pris dans son ensemble, se montre capable d'intégrer à la fois de nouvelles catégories sociales et les changements de valeurs qui se produisaient dans la société. Le travail manuel a été méprisé alors que son contenu n'a cessé de s'enrichir. Les expériences étrangères n'ont pas été prises en compte, et l'enseignement de l'économie s'apparente à un voyage dans un pays imaginaire d'où sont exclues, évidemment, les entreprises. « On cherchera en vain une présentation un peu consistante de ce que peut être une société marchande dans les manuels », note un des économistes qui ont travaillé pour le rapport Vernières, un professeur à l'université de Paris I chargé par la directrice des enseignements supérieurs du ministère de l'Éducation de se pencher sur l'enseignement de l'économie. « L'enseignement que nous donnons à nos étudiants contribue à les faire vivre dans une sorte de schizophrénie, avoue un autre : d'un côté le monde de la vie réelle, de l'autre celui des cours… qu'ils appellent le monde de la théorie.

« Pour me faire une idée un peu générale de ce problème au niveau national, poursuit-il, j'ai consulté des annales de sujets et corrigés… Je me suis livré sur les exercices de microéconomie à un petit décompte rapide : l'expression "calculer" apparaît cent huit fois, le mot "commenter" (des résultats) douze seulement. Il me semble que c'est ainsi qu'on apprend aux étudiants à ne pas trouver d'enjeu à la théorie. C'est un simple jeu de calcul. Il n'y a aucune leçon à en tirer. »

En économie comme en tout, la formalisation mathématique, devenue une fin en soi parce qu'elle facilite la sélection sous couvert de scientificité, n'encourage guère, en fait, l'analyse critique. « Au sortir de ces années d'initiation à un langage savant mais parfois creux, écrit Alain Bienaymé, professeur à l'université de Paris-Dauphine, l'étudiant ne sait pas encore distinguer la *consommation* de la *dépense de consommation*, comment évolue une *masse monétaire*, un parc d'*équipements* ou *de logements* et peut évoquer l'inversion de la *courbe des taux* sans savoir de quoi la courbe est faite. L'expérience de jurys de concours de haut niveau montre que ces lacunes persistent avec l'âge, et malgré la science présumée. »

À cet égard, on peut regretter que la récente réforme des retraites oblige les enseignants à travailler plus longtemps. Ce n'est peut-être pas la meilleure des nouvelles pour le pays.

Pauvre université

Ce sont aussi les comparaisons sur la répartition des dépenses entre les niveaux d'enseignement qui donnent une lumière crue sur le degré de priorité accordé à chacun de ces niveaux d'enseignement selon les pays. Comment, par exemple, expliquer le fait que les dépenses par élève soient en France supérieures à la moyenne des pays de l'OCDE pour le deuxième cycle du secondaire, et nettement inférieures pour l'enseignement supérieur ?

Alors que, toutes formations comprises, l'Université regroupe 2 millions d'étudiants contre à peine 1 million il y a vingt ans, la dépense moyenne par étudiant n'a augmenté que de 12 % contre plus de 80 % pour l'enseignement secondaire

TABLEAU 58

DÉPENSES ANNUELLES D'ÉDUCATION
PAR ÉTUDIANT EN 1999
*(en équivalents dollars US sur la base des parités
de pouvoir d'achat)*

	Secondaire	Supérieur
Moyenne OCDE	6 608	11 121
dont		
Allemagne	6 603	10 393
Australie	6 850	11 725
Autriche	8 504	12 070
Danemark	7 626	10 657
États-Unis	8 157	19 220
Finlande	5 863	8 114
France	*7 152*	*7 867*
Irlande	4 383	9 673
Italie	6 518	7 552
Japon	6 039	10 278
Norvège	7 628	12 096
Pays-Bas	5 670	2 285
Royaume-Uni	5 608	9 554
Suède	5 911	14 222

Dans les pays de l'OCDE, et cela semble normal, les dépenses par étudiant sont supérieures de près de 80 % aux dépenses par collégien ou lycéen. En France, et c'est le seul pays dans ce cas, elles sont quasiment égales.

Source : OCDE.

et l'enseignement primaire. La France est un des rares pays du monde où un étudiant coûte moins cher qu'un lycéen et qu'un collégien.

TABLEAU 59

DÉPENSE MOYENNE PAR ÉLÈVE
(en euros)

Enseignement pré-élémentaire	3 972
Enseignement élémentaire	4 191
Premier cycle du second degré	6 741
Second cycle général	8 572
Universités	6 600
IUT	8 600
Classes préparatoires aux grandes écoles	12 620

Source : Direction de la programmation du développement.
Ministère de l'Éducation nationale, 2001.

Les conséquences en sont « pitoyables ». Les universités françaises sont, dans leur majorité, sales, peu accueillantes, sous-équipées, aussi misérables que l'étaient, il y a trente ans, les hôpitaux publics. Tous les critères internationaux de comparaison des bibliothèques universitaires mettent la France au ban des nations comparables. Elles disposent au total (on en compte un peu moins de 100) d'un budget équivalent à la seule bibliothèque du Congrès aux États-Unis. Leur capacité d'accueil est faible : une place pour 18 étudiants et 0,5 mètre carré par étudiant (on compte une place pour 5 étudiants et 1,5 mètre carré par étudiant en Allemagne ou en Grande-Bretagne). Et alors qu'en Allemagne, aux États-Unis ou au Canada il est possible d'y travailler de 8 heures du matin à 23 heures et d'y revenir le samedi et le dimanche pour lire un livre commandé quelques jours auparavant dans une bibliothèque universitaire éloignée, en France ce sont en moyenne 50 heures d'ouverture par semaine qui sont offertes aux étudiants. La pénurie de logements est générale. Compte tenu d'une durée moyenne de séjour de trois ans, le CROUS

(Centre Régional des Œuvres Universitaires et Scolaires) n'est en mesure d'offrir chaque année que 60 à 70 places, alors que les demandes émanant d'étudiants dont les parents sont exonérés d'impôt sur le revenu sont de l'ordre de 3 000.

Dans son dernier rapport public, la Cour des comptes observe aussi une détérioration progressive du patrimoine immobilier. À cet égard, les bâtiments de la prestigieuse Sorbonne, une « marque » pourtant réputée, constituent l'exemple caricatural de ces carences. Les bâtiments, qui sont la propriété de la Ville de Paris, ont souffert d'un total abandon pendant plus de cinquante ans. Les locaux n'ont fait l'objet d'aucun examen global de la commisssion de sécurité entre 1978 et 1992, et ce malgré deux incendies survenus en 1990 et 1992. L'état de la Bibliothèque interuniversitaire présente des risques importants. La solidité à froid du bâtiment et la charge au sol n'ont jamais été vérifiées, alors que les structures métalliques supportent plus de trois millions d'ouvrages. Certains locaux sont dépourvus de réseau de détection de fumées et de sorties de secours. Un « luxe » inutile dans la mesure où il n'y a pas… de réseau d'alarme ! Il faut dire que les agences comptables ou les services financiers souffrent souvent d'un grave déficit de compétences. Cas extrême, certaines universités ne connaissent même pas le montant des crédits dont elles ont réellement la disponibilité. Ainsi, de 1997 à 2001, le taux de consommation des crédits d'investissement est passé de 74 à 41 %. Une sous-consommation qui démontre à l'évidence la faible capacité des acteurs à conduire les programmes d'investissement et à mobiliser les moyens mis pourtant à leur disposition.

Autant de carences qui rendent l'enseignement supérieur largement inadapté aux besoins de la société et de l'économie. Un système, écrivent Jean-Hervé Lorenzi et Jean-Jacques Payan — ce dernier a été directeur général des enseignements et de la recherche au ministère de l'Éducation nationale —, « qui rappelle de manière caricaturale l'Ancien Régime, avec une noblesse, un clergé et un tiers état. La noblesse, ce sont les grandes écoles d'ingénieurs ou de commerce, les écoles normales supérieures et l'ENA. Le clergé regroupe les établissements à statut particulier commes Sciences-Po, quelques universités avec un statut dérogatoire comme Paris-Dauphine ou l'Université de technologie de Compiègne, et des écoles d'ingénieurs ou de commerce moins prisées que les grandes et qui sont dites, avec une condescendance très monarchique, "de province". Enfin le tiers état rassemble plus des deux tiers des étudiants et regroupe les universités et les instituts universitaires de technologie[1]. » Des clivages archaïques qui paupérisent les universités au-delà du raisonnable, renforcent les corporatismes et brident l'esprit d'entreprise et la créativité. Des clivages totalement adaptés toutefois aux stratégies des familles. Sélection et crédits pour les enfants de l'élite du pouvoir et du savoir. Non-sélection à l'entrée, paupérisation et quasi-gratuité des études pour les enfants des classes moyennes et du peuple qui constituent l'essentiel des effectifs à l'Université. Le jeune étudiant issu d'un milieu favorisé entrera systématiquement dans une filière sélective car ses parents connaissent la règle du jeu. Le jeune étudiant issu d'un milieu populaire, et qui n'a pas été repéré auparavant, ira dans une filière non sélective avec l'impression fausse que c'est une liberté formidable qui lui est donnée. Ignorant la règle du jeu, il fera pourtant l'objet d'une sélection par l'échec ou obtiendra un diplôme final que les entreprises ne connaissent pas ou ne reconnaissent pas. Même si les comparaisons internationales sont difficiles, elles n'en mettent pas moins la France en position défavorable. Ainsi, dans son rapport *Improving Student Achievement in English Higher Education*, publié en janvier 2002, le National Audit Office, homologue de la Cour des comptes française, montre qu'en Angleterre 77 % des étudiants inscrits pour la première fois à l'université en 1998-1999 ont obtenu leur *first degree* au terme des trois années du premier cycle britannique. Ce taux, particulièrement élevé, n'est devancé que par celui du Japon (90 %). En comparaison, le

1. J.-H. Lorenzi, J.-J. Payan, *L'Université maltraitée*, Plon, 2003.

taux de réussite des étudiants français inscrits dans un cursus de trois ans qui débouche sur la licence est de 55 %, soit moins que les États-Unis qui dépassent les 60 % ou l'Allemagne, située à plus de 70 %. Mais, comme le soulignent les rapporteurs de notre Cour des comptes, « en l'absence d'études comparatives entre les universités et d'analyse sur les facteurs de leurs performances contrastées, le ministère de l'Éducation nationale n'est pas à même d'expliquer ces phénomènes »... Comme il n'est pas en mesure, non plus, de se mobiliser pour faciliter l'insertion professionnelle des étudiants et d'assurer un suivi de leurs parcours.

Tout ce que l'on sait, c'est qu'en 1999 les écoles d'ingénieurs présentaient, trois ans après la fin des études, un taux de chômage de 2 %, les écoles de commerce de 3 %, les diplômés de troisième cycle universitaire de 8 % et les diplômés de deuxième cycle universitaire de 10 %. Surtout, 88 % des diplômés des grandes écoles et plus de 80 % des diplômés des troisièmes cycles accèdent aux postes d'encadrement. Ils ne sont que 67 % des titulaires de licences et de maîtrises et 50 % des titulaires d'un Deug. Pis, alors qu'en mars 1999, environ trois diplômés sur quatre occupaient un emploi stable (CDI ou fonctionnaire) trois ans après la fin de leurs études, à peine un tiers des diplômés du deuxième cycle en lettres et sciences humaines occupaient un emploi à durée indéterminée. Une « piteuse » performance qui exigerait que les universités deviennent plus attentives aux coûts de leur gestion et consentent à s'évaluer. Une logique « ultra-libérale » pour les appareils syndicaux qui les gouvernent et qui ont reproduit en France le modèle des administrations de l'ancien Empire soviétique, avec le destin qui a été le leur.

Cherche trouveurs désespérément

Le 15 juillet 1982, sous la pression de ces mêmes organisations syndicales, le gouvernement de Pierre Mauroy avait décidé d'accorder aux chercheurs contractuels des établissements publics à caractère scientifique et technique le statut de fonctionnaires d'État. Depuis ce temps, la France est aujourd'hui le seul pays de l'OCDE à compter des chercheurs à vie par dizaine de milliers, et autant de syndicalistes dans les innombrables commissions paritaires chargées de gérer leur carrière. Nous sommes aussi celui qui souffre le plus d'un déficit de recherche qui n'est pas seulement imputable aux « moyens » mis en œuvre. « Les chercheurs, on en trouve, plaisantait le général de Gaulle, des trouveurs, on en cherche. »

Puissance économique mondiale, la France manquerait aujourd'hui cruellement des « moyens » qui lui permettraient de tenir son rang alors que, selon les économistes, la moitié de la croissance des pays industrialisés serait liée à l'effort de recherche. Ainsi l'Irlande, dont les dépenses de recherche et de développement ont augmenté de 110 % de 1992 à 1999, a vu son chômage diminuer de 5 points alors que la France, qui ne consacre que 2,1 % de son PIB à la recherche-développement, contre 2,5 % en 1993, aurait vu le sien se maintenir à des taux élevés.

Encore faudrait-il, et c'est le socialiste Michel Charzat qui s'exprime dans le rapport remis en juillet 2001 au Premier ministre sur « l'attractivité du territoire français », qu'on puisse s'assurer « de la bonne utilisation des dépenses publiques,... loin de certaines pratiques opaques qui prévalent parfois ». Des pratiques malencontreusement mises en lumière par la Cour des comptes dans son rapport sur le CNRS publié en janvier 2002.

Créé en 1939 pour lutter contre la sclérose des universités françaises, embrasser tout le champ de la science, des sciences humaines aux sciences « dures » et amener à la recherche des forces vives qui ne seraient pas accaparées par les multiples corvées qui accablent les enseignants, le CNRS, qui « emploie » aujourd'hui 11 000 chercheurs et... 26 000 agents, est devenu une véritable usine à gaz qui abrite des chercheurs coupés de la vie réelle, dont la carrière se déroule comme celle des douaniers.

Vieillissement d'une organisation inchangée depuis un quart de siècle, défaut de pilotage stratégique, insuffisances de la gestion budgétaire et comptable, incertitudes de la politique scientifique, notamment en matière de renouvellement des personnels, telles ont été les amabilités adressées au CNRS par la Cour des comptes à la suite d'une enquête portant sur la période 1996-1998. Là comme pour l'ensemble des dépenses publiques, la reconduction automatique des crédits de personnel d'une année sur l'autre limite la capacité de manœuvre d'un établissement qui souffre de l'absence de direction stratégique. « La vie du CNRS, grand organisme de recherche scientifique, au cours de ces denières années, écrit la Cour, se caractérise paradoxalement par une absence de temps long. Il n'existe plus de plan stratégique depuis six ans. Même lorsqu'ils ont existé, les schémas stratégiques n'ont pas véritablement tracé de direction pour l'ensemble de l'établissement. »

Quatre directeurs généraux en huit ans, aucune délibération de politique générale et stratégique dans les instances prévues à cet effet, absence de documents susceptibles d'établir des liens entre objectifs scientifiques et moyens financiers et humains, déconnexion entre le centre supposé directionnel et des unités quasi autonomes, dispersion des moyens plutôt que concentration des efforts sur quelques priorités, autant de raisons qui expliquent les carences d'une organisation finalement assez peu performante au niveau international. Un classement des 27 pays de l'OCDE sur la base de l'indice de citation pour six grands champs disciplinaires classe ainsi la France au 6e rang pour l'ingénierie mais au 14e rang pour la recherche médicale et au… 23e rang pour les sciences humaines, alors que la proportion des chercheurs dans les organismes de recherche publics est la plus élevée des pays de l'OCDE.

Le pilotage financier est par ailleurs artisanal, les données fournies par les laboratoires n'étant ni exhaustives ni mises à jour. C'est ainsi que les crédits non consommés ont été multipliés par cinq en cinq ans, passant de 71 millions d'euros en

1995 à 333 millions en 1999. À cette date, les unités de recherche n'utilisaient que 62 % des crédits mis à leur disposition.

Enfin, au regard des mutations considérables de l'environnement de la recherche, le mode de recrutement et de gestion des personnels ne favorise guère l'expression des jeunes talents. La carte des 40 sections demeure inchangée malgré la volonté de Claude Allègre de les réduire de moitié. En cours de carrière, environ 600 agents seulement, soit 5 % de l'effectif des chercheurs, font preuve de mobilité, en passant d'un laboratoire à un autre. Un autre facteur d'inertie tient dans le faible impact de l'évaluation sur le déroulement de la carrière et la rémunération des chercheurs. Quant aux personnels ingénieurs, administratifs et techniciens, on a calculé qu'ils changeront de poste en moyenne tous les vingt-cinq ans !

Selon ses partisans, la fonctionnarisation des chercheurs, en leur donnant la liberté de quitter leur laboratoire et d'y retrouver leur poste au retour, devait libérer de nombreuses vocations. Force est de constater qu'on en est très loin. C'est sans doute que le rapport rémunération/travail dans les entreprises exposées à la concurrence n'est peut-être pas aussi favorable que le clament les organisations syndicales du monde universitaire. Autant dire que, avant d'augmenter de manière mécanique le budget de la recherche, mieux vaudrait procéder à une véritable évaluation de son apport à la croissance des « nouvelles Trente Glorieuses ».

9

La France qui gémit
ou la culture syndicale de l'amertume

« Les peuples ainsi que les hommes ne sont
dociles que dans leur jeunesse, ils deviennent
incorrigibles en vieillissant ; quand une fois
les coutumes sont établies et les préjugés
enracinés, c'est une entreprise dangereuse et
vaine de vouloir les réformer ; le peuple ne
peut pas même souffrir qu'on touche à ses
maux pour les détruire, semblable à ces malades stupides et sans courage qui frémissent à
l'aspect du médecin. »

Jean-Jacques Rousseau.

« Ce que d'aucuns ont appelé le feuilleton
de l'assurance-chômage n'a été que trop illus-
tratif des relations sociales en France : sym-
bolisation idéologique des enjeux sociaux au
détriment du contenu de la négociation,
conflits sur les rôles respectifs des partenaires
sociaux, des forces politiques et de l'État. À
supposer que cela fût nécessaire, la négociation sur l'assurance-chômage aura démontré
la nécessité, pour ne pas dire l'urgence, de
rénover les relations sociales […]. Or les défi-

ciences graves de relations entre les partenaires sociaux, d'une part, et dans leurs
rapports avec l'État, d'autre part, sont au cœur
de l'extraordinaire difficulté, pour ne pas dire
l'impossibilité, de notre pays à réformer son
modèle social. »

Nicole Notat.

« Le syndicalisme est malade, il perd des
adhérents depuis quinze ans. Son influence se
réduit. La confiance qu'il inspire s'effondre.
Il souffre de sa division. Un corporatisme
débridé sans perspective lui tient trop souvent
lieu d'orientation. Il est frappé d'inadaptation
structurelle face aux évolutions du monde,
pris de vitesse par leur rapidité, par leur
complexité. »

Yannick Simbron,
ancien secrétaire général de la Fédération
de l'Éducation Nationale (FEN).

« Le monde change, changeons notre
syndicalisme. »

Edmond Maire.

Ces quelques propos dressent un état des lieux pessimiste
que mille autres unes de presse, titres d'ouvrages ou de revues
auraient également pu illustrer : « Fin du syndicalisme de
papa », « crise du paritarisme », syndicats « en miettes », « en
panne de stratégie », « divisés », « enfermés dans de multiples
querelles », « malades », « moribonds » et même « condam-
nés à mort », cette unanimité sonne comme une évidence :
« nos » syndicats vont mal. Mais, pourrait-on répliquer, on a
le syndicalisme qu'on mérite. C'est bien la société française

tout entière qui se trouve embourbée dans un malaise collectif, doutant d'elle-même et du contrat social qui constitue son épine dorsale. Ausculter les syndicats français, ou plutôt leurs quasi-dépouilles, c'est pointer l'un des freins majeurs de son indispensable réforme.

Une France sans syndiqués

De cette crise syndicale manifeste, quels sont les symptômes ? Deux suffisent à la caractériser : le nombre des adhérents et le niveau de participation aux élections professionnelles.

Toutes composantes réunies, les syndicats ont perdu au cours des « nouvelles Trente Glorieuses » pas moins des deux tiers de leurs adhérents. La saignée, longtemps niée par les intéressés, est spectaculaire. Un chiffre est particulièrement frappant : les effectifs cumulés des trois principales confédérations (CGT, CFDT et FO) représentent aujourd'hui moins d'1,2 million de salariés… sur une population active de 24 millions ! Rappelons pour seule mémoire qu'en 1945 la CGT pesait à elle seule plus de 5 millions de salariés. En 1973 encore, sur les 20 millions d'actifs que comptait notre pays, 4 millions adhéraient à un syndicat : vingt ans plus tard, alors que la population active avait augmenté de plus de 2 millions, le nombre de syndiqués diminuait quant à lui, dans une parfaite symétrie, de 2 millions. La résultante de ces dynamiques croisées, c'est un taux de syndicalisation actuellement inférieur à 10 %, compris même selon les estimations entre 7 et 9 %. Une lecture en négatif de ces chiffres est encore plus parlante : entre 91 et 93 % des actifs ne perçoivent plus aujourd'hui la nécessité de se syndiquer.

Mais au-delà de l'adhésion à une centrale, c'est l'utilité même du syndicat dans ses fonctions traditionnelles qui paraît remise en cause, comme l'illustrent les taux d'abstention enregistrés lors des derniers scrutins professionnels. Ainsi, les prud'homales de 1997 ont-elles vu l'abstention atteindre le niveau record de 65,9 %, contre 36,8 % en 1979, tendance encore accentuée depuis. Là où les deux tiers des électeurs votaient il y a vingt-cinq ans, les deux tiers s'abstiennent aujourd'hui. Même tendance pour les élections aux comités d'entreprise où l'abstention, d'environ un quart dans les années 1970, dépasse désormais le tiers des votants. Enfin, les élections aux Commissions administratives paritaires, même si l'érosion syndicale reste moins marquée dans le secteur public, ne sont pas en reste : 25 % d'abstention contre 17 % il y a vingt ans. Tous les scrutins mettent en outre en évidence la montée des candidats sans étiquettes. C'est dire que les syndicats « historiques » ne font plus vraiment recette qu'à la « une » des médias.

Une spirale du déclin qui nous distingue de nos voisins, pour faire de la France une véritable « exception ». Car si cette crise est patente dans tous les pays industrialisés, elle atteint chez nous son degré maximal. Le reflux, bien qu'observable du Japon aux États-Unis en passant par l'Allemagne, n'y prend pas ces allures cataclysmiques. Notons d'ailleurs qu'en Scandinavie ou au Canada la syndicalisation reste stable, voire même progresse. Rien d'inéluctable donc, si l'on sait se mettre à l'écoute des attentes de son époque.

Pourtant, pendant ce temps, nous assistons à une totale désyndicalisation de notre société. Les figures médiatiques que sont Marc Blondel, Bernard Thibault ou, il y a peu de temps encore, Nicole Notat et Henri Krasucki ne doivent pas tromper. Derrière ces vedettes du « showbiz » social, les troupes ont été décimées. Et, phénomène sans doute majeur, la lame de fond n'épargne aucun récif. C'est là un point sur lequel il convient d'insister : quelle que soit la posture adoptée, la tendance est identique. Entre la ligne dure, retenue par la CGT et surtout par FO depuis quelques années, et au contraire l'assouplissement et le réformisme assumé de la CFDT – dont on a vu quelles foudres ils lui avaient attirées lors des négociations sur la réforme des retraites au printemps dernier –, aucune stratégie ne semble plus pouvoir payer. Comme si un point de non-retour avait été atteint.

Un désamour qui n'est pas sans rappeler celui dont souffrent les partis politiques traditionnels qui, de congrès en congrès, de programme en programme, de posture tactique en posture tactique, lassent une opinion publique de moins en moins convaincue de leur crédibilité. La crise syndicale apparaît bien comme le pendant de celle que traverse le politique et semble s'inscrire dans une plus vaste crise de la représentativité. Rien d'étonnant d'ailleurs. Notre époque se montre de plus en plus critique vis-à-vis des principales institutions qui structuraient jusqu'alors notre société, l'école, la justice, l'Église… Les uns après les autres, ces piliers institutionnels se fissurent. Dans un tel climat, il n'est donc pas surprenant que les syndicats peinent à tirer leur épingle du jeu. Un authentique processus de désacralisation est en cours que traduisent ces propos d'un délégué CGT de la SNCF, nostalgique d'un passé à peine enfoui : « Quand le délégué parlait, c'était la grand-messe. Maintenant, c'est beaucoup plus difficile : les gars écoutent tout le monde. Et surtout sont informés par les médias. » Si l'on peut bien partager le désarroi d'un militant sincère, difficile en revanche de ne pas ressentir dans le même temps un réel malaise face à de tels relents staliniens.

Ce constat amène à reprendre l'hypothèse déjà formulée voici plus de vingt ans par Pierre Ronsanvallon. La crise syndicale n'a rien de conjoncturel. Le déclin suit une pente de longue durée qui a peu de chance de s'infléchir. Et si cette crise est bien structurelle, c'est avant tout parce que, autour de nos centrales syndicales, figées sur un modèle périmé, le monde a radicalement changé.

L'émiettement du social

Pour le dire rapidement, l'individuel a supplanté le collectif. L'économie industrielle, l'organisation taylorienne du travail, l'usine fordiste et les modes de régulation sociale qui leur étaient attachés ont vécu. Avec l'avènement des « services » qui ont profondément modifié l'échelle des métiers et des valeurs, la donne a radicalement changé. Comme l'écrit Pierre Rosanvallon : « Le capitalisme des années soixante produisait directement la classe ouvrière. Il intégrait toutes les différences individuelles pour constituer un travailleur collectif [...]. La situation s'est inversée dans le capitalisme des années quatre-vingt dix. Le système productif s'est d'abord redéployé, favorisant la multiplication des petites structures au détriment des grandes organisations d'autrefois[1]. » Convertie au *small is beautifull*, notre organisation du travail se présente ainsi comme l'agrégation de petites entités homogènes mais sans lien entre elles. « Pour dire les choses autrement, poursuit Pierre Rosanvallon, nous sommes en train de passer d'un système productif qui utilisait les travailleurs dans leur généralité (leur force de travail) à un système qui les mobilise de plus en plus dans leur singularité. »

Cet « émiettement du social » affaiblit naturellement des syndicats dont le principe d'action collective ne semble plus pouvoir résoudre les difficultés et faire avancer les revendications d'individus moins liés par un destin commun. Les travailleurs sociaux, les informaticiens, les personnels paramédicaux, ceux de la grande distribution ou de l'hôtellerie, pour ne prendre que quelques-uns des secteurs phares de la croissance des « nouvelles Trente Glorieuses », sont pour les syndicats de moins bons « clients » que ne l'étaient les métallos, les mineurs et les ouvriers de la construction automobile ou navale. Pour nos confédérations, quelque peu assoupies par une situation devenue confortable, ce redéploiement entre catégories d'actifs a été fatal.

Néanmoins, ce vaste brouillage ne tient pas seulement aux nouveaux modes d'organisation du travail. La perte de repères idéologiques, dont souffre également la gauche, a frappé de

1. Pierre Rosanvallon, *La Question syndicale*, Hachette, Pluriel, 1998.

plein fouet les organisations syndicales. Cette indigence théo-
rique débouche sur une panne généralisée de l'imagination
sociale. « Personne ne parle des progrès sociaux de l'avenir,
ne formule les objectifs d'une nouvelle étape, ne se risque à
décrire des utopies concrètes. » C'est Yannick Simbron,
ancien secrétaire général de la FEN, qui déplore le « corporatisme débridé » et « sans perspective » tenant désormais lieu
d'horizon indépassable de l'action syndicale.

Une « clientèle » de plus en plus difficile à capter, des
objectifs devenus trop peu lisibles et des performances en
demi-teinte. Aucune grande avancée sociale ne semble devoir
être mise à l'actif des syndicats depuis plus de vingt ans. Et,
pour reprendre la formule heureuse de René Mouriaux, « un
syndicalisme qui ne gagne rien perd de son attrait[1] ». On pourrait rétorquer que, sans la vigilance des syndicats, les fameux
« acquis » sociaux, conquis de haute lutte depuis des décennies, auraient immanquablement été réduits en lambeaux.
Voire... Il est pour le moins frappant d'observer la posture à
proprement parler « conservatrice » et bien peu positivement
offensive des syndicats dans leur action revendicative. Se
positionner systématiquement « contre » et jamais « pour »,
voilà une attitude et une stratégie marketing pour le moins ris-
quées.

Pis toutefois, cette désyndicalisation n'a en aucune manière
– et c'est logique – apaisé les esprits. L'histoire de nos
« fièvres hexagonales » a même vu s'écrire quelques-unes de
ses plus belles pages ces dernières années : révolte étudiante
de 1986, ras-le-bol des infirmières en 1988, grève générale de
1995, mouvements de chômeurs en 1997, grogne enseignante
permanente et barrages routiers à répétition, nouvelle grève
générale au printemps 2003... Les occasions de battre le pavé
de la Bastille à la République pour terminer devant les
marches de quelque ministère coupable n'ont pas manqué. Ce
qui autorise à penser, l'observation faisant foi, qu'histoire du

---

1. René Mouriaux, *Crise du syndicalisme français*, Montchrestien, 1998.

mouvement social et histoire syndicale sont en train de se découpler. Pour mieux le comprendre, une brève « leçon » d'histoire s'impose.

Gesticulations et impuissance

« Il doit sans doute être permis à tous les citoyens de s'assembler ; mais il ne doit pas être permis aux citoyens de certaines professions de s'assembler pour leurs prétendus intérêts communs.

« Il n'y a plus de corporations dans l'État, il n'y a plus que l'intérêt particulier de chaque individu et l'intérêt général. Il n'est permis à personne d'inspirer aux citoyens un intérêt intermédiaire, de les séparer de la chose publique par un esprit de corporation. » Comme si souvent, dans notre histoire, remonter à la racine des choses, c'est interroger la Révolution française. En l'occurrence, on n'échappe pas à la règle, comme en témoigne ce texte de loi présenté par le député Le Chapelier à l'Assemblée constituante en 1791. Tournant la page de l'Ancien Régime et du système des corporations qui en constituait l'ossature socio-professionnelle, les révolutionnaires consacrent par ce vote la mise à mort de tous les corps intermédiaires. Le Chapelier le confirme encore plus explicitement devant ses collègues parlementaires en proclamant que « c'est aux conventions libres d'individu à individu à fixer la journée pour chaque ouvrier ». Un contrat entre deux parties librement choisi en lieu et place d'une contrainte collectivement imposée : si l'on osait, on lirait dans ces propos un avant-goût de « refondation sociale ». Mais là n'est pas l'essentiel. Ce qui compte, c'est de noter combien l'entrée dans la modernité ne se fait pas sous les meilleurs auspices pour la représentation professionnelle. Frappé d'une telle interdiction, le mouvement ouvrier va se structurer dans une clandestinité qui le pousse dès l'origine vers une inévitable radicalité. Selon la formule de Michel Noblecourt, le syndicalisme français est révolutionnaire avant même d'avoir droit de cité. Il faudra ensuite laborieusement attendre 1884 et la loi Waldeck-Rousseau – soit près d'un siècle – pour qu'une existence légale lui soit enfin reconnue. Mais il était en quelque sorte trop tard pour que les centrales naissantes s'engagent sur la voie d'un syndicalisme de services, selon le modèle adopté dans les pays du Nord de l'Europe. Entre le mutualisme de Proudhon et la lutte des classes de Marx, le choix était irrévocablement fait. D'ailleurs, l'histoire du XIXe siècle elle-même avait fait son œuvre en voyant déjà se multiplier les conflits à hauts risques : révolte des canuts lyonnais de 1831, révolution de 1848, Commune… Le peuple, quoique peu organisé, n'a jamais manqué une occasion de contester l'ordre établi. Ainsi n'est-il pas surprenant de voir la CGT, à sa naissance en 1895, s'affirmer d'emblée révolutionnaire et anticapitaliste, prônant l'action directe pour la disparition du salariat et du patronat. Quête d'un « Grand soir » qu'inscrira dans le marbre la Charte d'Amiens, rédigée en 1906, véritable texte fondateur du syndicalisme français : « Dans l'œuvre revendicatrice quotidienne, le syndicalisme poursuit la coordination des efforts ouvriers, l'accroissement du mieux-être des travailleurs par la réalisation d'améliorations immédiates, telles que la diminution des heures de travail, l'augmentation des salaires, etc.

« Mais cette besogne n'est qu'un côté de l'œuvre du syndicalisme ; il prépare l'émancipation intégrale, qui ne peut se réaliser que par l'expropriation capitaliste ; il préconise comme moyen d'action la grève générale et il considère que le syndicat, aujourd'hui groupement de résistance, sera, dans l'avenir, le groupement de production et de répartition, base de réorganisation sociale. »

De tels principes rendent largement compte du ton pris en France par le « dialogue social » – selon la formule consacrée mais tellement peu adaptée à notre pays. Conflit du capital et du travail, le second tentant courageusement d'arracher son dû à l'égoïsme viscéral du premier, voilà le prisme exclusif à travers lequel fut longtemps lue l'histoire sociale de notre pays.

Il serait certes vain de nier l'existence de lignes à haute tension : les conflits d'intérêts existent, et leur expression émaille bien l'histoire de ces deux derniers siècles. Pour autant, l'image d'une classe ouvrière conquérante, obtenant par la force chaque grande avancée sociale pêche par son simplisme. Ce progrès, des premières assurances sociales du XIXᵉ siècle à l'État-providence de l'après-Seconde Guerre mondiale en passant par les congés payés du Front populaire, tient sa dynamique d'une alchimie de forces multiples qui se sont épaulées. C'est la question que soulevait Henri Hatzfeld[1], en introduction de sa belle thèse sur les origines de la Sécurité sociale en France. « Dans la mesure où la Sécurité sociale a été, dans nos sociétés, la réponse la plus cohérente au défi du paupérisme, écrit-il, s'interroger sur les origines de cette institution, c'est en même temps s'interroger sur les forces qui sont à l'œuvre au sein des sociétés capitalistes et sur les possibilités dont ces sociétés disposent de se modifier, de se transformer, de se réformer. La Sécurité sociale a-t-elle été la concession consentie par les capitalistes désireux de sauver leurs privilèges ? A-t-elle été une conquête ouvrière ? » N'en déplaise à la mythologie syndicale, c'est la première hypothèse qu'il faut retenir. Pour l'anecdote, signalons que, en avril 1935, le cahier de revendications rédigé par les ouvriers de Renault plaçait les « vacances payées » en onzième position, derrière un garage pour les bicyclettes.

On comprend mieux pourquoi la grève et la mise en scène qui tient lieu de sortie de « crise », lorsque crise sociale il y a, tient d'un spectacle organisé. La gestion du conflit du printemps dernier ne nous aura pas épargné cette figure imposée : pour montrer l'ardeur que les forces en présence manifestent, l'accord, toujours « âprement » négocié (une négociation douce n'en est pas une) sous la houlette du gouvernement en place (un gouvernement digne de ce nom ne supporte pas de

1. Henri Hatzfeld, *Du paupérisme à la Sécurité sociale*, Armand Colin, 1971.

ne pas se mêler de tout), n'est scellé qu'au petit matin. Les parties peuvent alors, sur le perron d'un ministère, les traits tirés et la barbe naissante face aux rangées de caméras et de micros, annoncer la bonne nouvelle.

Peut-être notre démocratie sociale deviendra-t-elle un peu plus « adulte » lorsque les négociations se concluront à des heures moins tardives, c'est-à-dire lorsque le fond l'emportera sur la forme. L'affaire est entendue : cette dérive violemment contestataire du mouvement syndical prend ses racines très loin. Les chocs sont rudes et fréquents, comme l'illustre en permanence l'actualité. La force de blocage des syndicats, leur visibilité médiatique, et notamment celles de leurs leaders, ne manquent pas de nous le rappeler. Et pourtant, cette radicalité et cette omniprésence ne doivent pas faire illusion : notre syndicalisme a toujours été très faible au regard du poids qu'il a pris chez nos voisins, en particulier dans les social-démocraties du Nord de l'Europe. Le lien de cause à effet est même évident : moins un syndicalisme pèse, plus le verbe est violent. Les gesticulations des uns et des autres ne sont alors plus que l'indice malheureux de leur impuissance relative.

Des fonctionnaires du social

Cette impuissance n'a pourtant pas empêché nos syndicats d'occuper une place centrale dans la démocratie sociale établie au lendemain de la Seconde Guerre mondiale avec l'instauration, tardive, d'un vaste système de protection contre les principaux risques de l'existence. Depuis lors, les syndicats arborent une double casquette qui fait d'eux un rouage institutionnel majeur, dont les défaillances fragilisent l'ensemble du système. D'une part, que ce soit dans l'entreprise ou par la négociation de conventions collectives et d'accords interprofessionnels, ils interviennent en tant qu'acteurs obligés de la régulation sociale. D'autre part, véritables « fonctionnaires du social », ils sont directement impliqués dans la gestion d'institutions collectives. Telle était la philosophie qui avait présidé à l'instauration de l'État-providence dans notre pays et que décrivait ainsi Pierre Laroque, le père fondateur de la Sécurité sociale : « Les principes mêmes du plan de Sécurité sociale que nous voulons édifier, de même que les principes plus généreux de la politique sociale [...] veulent que l'organisation de la Sécurité sociale soit confiée aux intéressés eux-mêmes. Cela précisément parce que le plan de Sécurité sociale ne tend pas uniquement à l'amélioration de la situation matérielle des travailleurs, mais surtout à la création d'un ordre social nouveau dans lequel les travailleurs aient leurs pleines responsabilités. » S'établissait ainsi un parallélisme organique entre la démocratie politique, où la gestion des affaires publiques était assurée par des représentants élus de la population, et la démocratie sociale, où la gestion des institutions créées au profit des travailleurs était confiée aux représentants élus de ces derniers. Aujourd'hui, donc, MEDEF, CFDT, FO, CGC, etc., se partagent de véritables « fromages » en se répartissant les présidences des différentes caisses, qui la CNAM (assurance maladie), qui la CNAV (assurance vieillesse), qui la CNAF (allocations familiales), qui l'UNEDIC (assurance chômage)...

Plusieurs décennies après cette construction généreuse, on ne peut malheureusement que déplorer l'écart entre ces principes et la réalité. Un constat amer, établi rétrospectivement par Pierre Laroque lui-même, tenant en 1985 ces propos : « Chacun attend de ses caisses des services qui lui sont dus mais ne s'en sent pas responsable. L'on ne fait guère de différence entre une banque ou un bureau de poste et une caisse d'assurance maladie ou d'allocations familiales. De cette situation est résultée naturellement une évolution dans l'esprit même des personnels des organismes, qui a perdu progressivement l'ardeur, la foi qui l'animait dans la période d'élaboration de la Sécurité sociale, pour se distinguer de moins en moins du personnel d'une banque ou d'une compagnie d'assurance. C'est là encore un échec certain, un lourd échec de l'effort de démocratie entrepris en 1945. »

Ce paritarisme utopique a fait long feu face aux avancées d'un État dont la logique naturelle a été d'intervenir à tous les niveaux d'un système étroitement encadré. Les caisses locales sont en effet soumises à la double tutelle des échelons déconcentrés du ministère et des caisses nationales, elles-mêmes également directement contrôlées par le ministère. En outre, en dépit de la volonté affirmée en 1967 de doter ces caisses d'une véritable responsabilité dans l'équilibre des comptes, les faits ont démontré qu'en réalité l'augmentation des cotisations ou la réduction des prestations étaient systéma-tiquement décidées par l'État lui-même. Enfin, depuis la loi organique de 1996, c'est désormais le Parlement qui se pro-nonce sur les orientations de la politique de santé et de sécurité sociale, déterminant ainsi les conditions générales de l'équi-libre de l'édifice. On mesure donc combien les partenaires sociaux, gestionnaires en titre du système, sont en réalité cantonnés au rôle de figurants.

Une contradiction que l'on retrouve au niveau du finance-ment de l'ensemble, assis sur des ressources de tout type : coti-sations sur les salaires, cotisations employeurs, impôt CSG (Contribution Sociale Généralisée)… L'administré a sans doute quelque peine à trouver ses repères dans un tel maquis. Or rien n'est plus dangereux qu'un système dont les logiques échappent à ceux dont les contributions servent à en assurer le financement et qui finissent, dans la plus extrême confusion, par en contester le fondement même. La solidarité nationale se trouve suffisamment malmenée pour que nos dysfonction-nements ne viennent pas lui porter le coup de grâce. Certes, les Français restent extrêmement attachés aux principes du paritarisme. Une enquête réalisée par CSA fin 1999 avait notamment révélé qu'ils étaient, dans leur très grande majo-rité, hostiles à la volonté alors exprimée par le MEDEF de renoncer à son rôle. La cogestion ferait même recette puisque, selon un sondage établi l'année suivante, les personnes interrogées se montraient à 74 % (et même à 81 % pour ce qui est des salariés) favorables à son principe. Néanmoins, ils n'étaient plus que 43 % à défendre coûte que coûte sa préservation, 26 % se déclarant pour une étatisation totale des caisses de Sécurité sociale et même 19 % pour leur privatisation. Soit un consensus de moins en moins solidement établi.

Une faiblesse fonctionnelle et une organisation sous étroite surveillance donc, mais qui n'en constitue pas moins un État (providence) dans l'État. Une sorte de monstre tentaculaire, à la représentativité et à la légitimité contestables, mais qui pèse pourtant humainement et financièrement très lourd. Si l'on additionne en effet tous les « représentants sociaux » désignés au sein des entreprises et des administrations – délégués du personnel, délégués syndicaux et autres membres des commissions administratives paritaires, comités d'entreprises, comités d'hygiène et de sécurité… –, on recense une population d'environ 400 000 personnes. Et encore, ce serait sans compter les quelque 12 000 administrateurs syndicaux présents dans les différentes caisses d'assurance maladie et d'allocations familiales, les 10 000 conseillers prud'homaux, les milliers d'agents syndicaux des divers organismes publics ou parapublics chargés du logement, de l'emploi, de la formation, des retraites, etc. Une prolifération qui rappelle exactement le nombre d'élus que notre République « prodigue » aligne, du simple conseiller municipal au député de la nation, pour assurer la gestion publique.

Au-delà de cette question des effectifs, les moyens dont disposent nos « fonctionnaires du social » peuvent également être mis en parallèle avec ceux qu'ont à gérer nos élus. En effet, le budget des administrations de sécurité sociale n'atteint pas moins de 1 200 milliards de francs, plus de 180 milliards d'euros, soit près des trois quarts du budget de l'État. C'est dire l'importance des masses financières ici en jeu. Des masses qui ne sont pas ignorées par ceux qui gèrent les centrales syndicales.

Un syndicalisme sans adhérents

« Parmi 99 pays de par le monde, la France détient presque le record du plus faible taux d'adhésion aux syndicats. En Europe, nous sommes très largement champions et, en Amérique, seul le Guatemala fait légèrement mieux. Dans les pays d'Afrique et d'Asie, on a du mal à trouver des mouvements syndicaux qui rassemblent aussi peu de monde. Ne doutons pas que nous rejoindrons le Gabon, la Guinée, l'Indonésie ou la Mauritanie qui syndiquent à peu près 2 ou 3 % de leurs salariés[1]. » L'ironie en moins, le désappointement en plus, Louis Viannet déclarait au *Monde* il y a déjà une dizaine d'années : « Tous syndicats réunis, nous ne regroupons même pas 10 % des salariés, et ces salariés se trouvent tous dans les mêmes secteurs ». Précisons en outre qu'une sorte de « Yalta » informel s'est dessiné entre les trois principales puissances syndicales, chacune ayant une implantation légèrement supérieure à ses concurrentes dans un des principaux secteurs du champ professionnel : ainsi peut-on dire, très schématiquement, que la CGT domine dans les grandes entreprises publiques, FO dans la Fonction publique et la CFDT dans le privé. Cette tendance générale ne signifie naturellement pas que telle ou telle soit totalement absente de l'un de ces grands secteurs. Reste que le privé est bien la « lanterne rouge » du syndicalisme français. Les salariés syndiqués qui en sont issus représentent moins du tiers des adhérents de la CGT et de FO et à peine plus de 40 % de ceux de la CFDT. Un tiers d'adhérents pour les trois quarts des actifs : la réalité syndicale ressemble bien à un immense miroir déformant. C'est dire que, dans la plupart des branches professionnelles et des entreprises, la probabilité de croiser des salariés affiliés à un syndicat est de plus en plus faible.

Les quelques bastions de résistance syndicale se trouvent en effet sans exception aucune dans le secteur public. Ainsi,

1. Jean-François Amadieu, *Les Syndicats en miettes*, Le Seuil, 1999.

avec un taux de syndicalisation global de 8 % environ pour l'ensemble de la société française, la Poste, la SNCF, l'Éducation nationale ou encore le ministère des Finances font office de « niches », marquant encore des pointes à plus de 25 % de syndiqués parmi leurs agents. Des plafonds élevés, donc, mais considérablement affaissés depuis trente ans, époque où ils culminaient à 60 % !

Nos représentants syndicaux, à cet égard, ne se distinguent pas par la diversité de leurs profils. Louis Viannet était un ancien postier, Bernard Thibault un ancien cheminot, Nicole Notat une ancienne institutrice… Tous viennent ainsi d'un secteur public qui ne saurait à lui seul incarner la réalité du marché du travail. Rappelons une dernière fois que l'emploi privé représente en France 75 % de l'emploi total, ce qui ne fait qu'accentuer le déficit de représentativité dont souffrent les syndicalistes.

Dominique Labbé en précise le portrait-robot : « Le syndiqué type est employé dans le secteur public ou dans une grande entreprise nationale. Il est ouvrier hautement qualifié, technicien ou cadre moyen. C'est plutôt un homme et il est âgé d'au moins une quarantaine d'années […]. Au fond, dans la France contemporaine, le syndicalisme est devenu l'apanage d'une classe moyenne d'âge mûr et disposant d'un emploi stable ainsi que de garanties collectives solides. » Une façon aimable de dire que le syndicalisme est devenu le refuge de ceux qui en ont le moins besoin. Toutes les études démontrent à l'envi que ce sont prioritairement les femmes, les jeunes, les étrangers et, en général, tous les actifs du secteur privé qui sont confrontés aux conditions de travail les moins enviables. En ne prenant absolument pas en compte les problématiques sociales posées par ces derniers, le syndicalisme ne peut plus prétendre identifier son action à un principe très général de solidarité. Perdant cette perspective universaliste, il se déclasse lui-même au rang de simple groupe de pression. Ainsi désyndicalisation et corporatisme tendent-ils à se donner la main.

D'ailleurs, cette double tendance est-elle si surprenante ? L'interrogation n'a rien d'illégitime si l'on prend en compte le « paradoxe d'Olson », qui peut être résumé en ces termes approximatifs : pourquoi se syndiquer alors que les avantages procurés par l'engagement syndical bénéficient à tous, syndiqués comme non-syndiqués ? Dès lors qu'une conception utilitariste s'est mise à imprégner l'ensemble des relations sociales, l'engagement syndical avait peu de chances de survivre.

En témoigne une nouvelle fois le *turn-over* enregistré parmi les salariés encore adhérents d'un syndicat : même si les estimations sont imparfaites, il semblerait qu'il atteigne le taux très élevé de 20 %. Le modèle de l'adhésion utilitaire est désormais bien connu : j'acquitte mes timbres et prends ma carte dès lors que je me trouve face à un blocage dans mon évolution professionnelle et m'empresse de prendre mes distances une fois la difficulté surmontée. De l'enseignant mécontent de son lieu d'affectation en passant par la secrétaire en conflit avec son supérieur, la démarche suit rigoureusement la même logique… individualiste et de court terme.

Par ailleurs, s'il est désormais jugé moins nécessaire, du côté des salariés, d'adhérer à un syndicat pour faire valoir ses droits et faire avancer ses revendications, l'utilité d'engranger des adhésions est également et paradoxalement devenue moins vitale du côté des représentants syndicaux eux-mêmes. Depuis quelques années en effet, il n'est plus obligatoire de justifier de la présence d'adhérents dans une entreprise pour y implanter une section syndicale. Celle-ci est animée par un délégué désigné directement par la centrale. En fait, on est allé au bout de la coupure entre les salariés de l'entreprise et le syndicat. Désormais, l'adhérent ne sert plus à rien. Le passage à un syndicalisme sans adhérents est bien désormais officiellement acté. Nouvelle parenté avec les partis politiques, dont la légitimité est surtout électorale et qui ne s'inquiètent guère de la fuite de leurs militants.

Insistons à cet égard sur le caractère fort peu démocratique du processus de désignation desdits délégués, dans lequel les salariés de l'entreprise n'ont pas leur mot à dire. Car c'est une règle tacite et unanime du monde syndical que de refuser le principe électif. Ainsi les responsables ne le deviennent-ils qu'à la faveur d'une cooptation. Un sacré confort vis-à-vis des adhérents, largement tenus à l'écart. Parfois, tout de même, ces derniers sont invités à « accompagner » ce processus de cooptation, en ratifiant le choix de candidats, présentés en nombre équivalent à celui des postes à pourvoir, ce qui évite toute mauvaise surprise. C'est dire combien la parole de la base est prise en considération... Publiquement bien sûr, de tels agissements sont dénoncés, y compris par les coupables eux-mêmes, tous les leaders défendant le principe de l'élection des directions syndicales par les adhérents. Mais le principe seulement, puisque, dans la pratique, tous restent de fervents adeptes de la désignation en petit comité...

Notre « avant-garde éclairée » de syndicalistes n'a par conséquent aucun besoin et donc aucune raison de s'encombrer d'adhérents aux exigences éventuellement embarrassantes. Cette situation quelque peu surréaliste serait impensable chez nos voisins : aux États-Unis par exemple, vis-à-vis desquels nous aimons à évaluer notre supériorité sociale, un syndicat dont la représentativité n'est pas garantie, c'est-à-dire assise sur un nombre minimal d'adhésions et un vote préalable à l'implantation dans l'entreprise, ne peut en aucune manière négocier un accord collectif au nom des salariés. La France, patrie de la Révolution française et des Droits de l'homme, tellement sûre de sa vertu démocratique, maintient quant à elle un système qui autorise au contraire n'importe quelle centrale, quelle que soit son audience dans l'entreprise, à s'asseoir à la table des négociations et à parapher les textes qui y sont discutés.

Pour être précis, signalons que ce tour de table n'est pas ouvert à n'importe qui, ou en tout cas pas à n'importe quelle condition. Il faut et il suffit, pour être autorisé à y prendre part, d'être membre du fameux « Club des Cinq », en vertu d'une règle édictée voici près de quarante ans. En effet, un décret de 1966, qui continue de régir notre système de négociation collective, a établi une fois pour toutes que cinq organisations syndicales bénéficiaient d'une « présomption irréfragable de représentativité », notamment en fonction de leur attitude sous l'Occupation. Cette liste consacrait, pour des décennies, d'une part la suprématie de la CGT, de la CFDT, de la CGT-FO, de la CFTC et de la CFE-CGC, et d'autre part la rigidité du système. C'est en vertu de cette reconnaissance automatique et absolue qu'aujourd'hui encore chacune de ces centrales peut désigner un délégué dans n'importe quelle entreprise – même sans y avoir d'adhérents –, participer à des élections professionnelles et signer des accords. Un consensus a longtemps entouré ce principe fondateur – selon lequel chaque syndicat est par essence représentatif de l'ensemble des salariés – et ses implications pratiques. Pour autant, la donne ayant considérablement changé depuis quarante ans, cette fiction est désormais indéfendable. Aujourd'hui, en effet, les élus non syndiqués sont devenus majoritaires dans les comités d'entreprise et les cinq confédérations reconnues ont à affronter la concurrence de nouvelles centrales de plus en plus attractives, telles que SUD, le Groupe des Dix ou l'UNSA, dont la représentativité n'est toujours pas reconnue. La règle de l'accord minoritaire découle directement de cet état de fait. Ainsi mesure-t-on un peu plus la tournure « piteuse » qu'ont prise les relations sociales dans notre pays : elles reposent sur des syndicats non représentatifs de la réalité du monde du travail et dont la voix, même minoritaire, peut s'imposer à tous. Un principe qui fait un heureux notoire, le patronat, en position d'instrumentaliser les différentes centrales, les montant les unes contre les autres pour parvenir à faire parapher un accord rejeté par une majorité. Mais un système que les cinq « élus » ne sont pas pressés de voir remis en cause, tant sa réforme signerait, pour eux, l'arrêt de la perfusion.

La liste des paradoxes s'en trouve rallongée puisque le déclin et le repli sur soi se sont accélérés au moment même où les moyens d'existence du syndicalisme ont été confortés par les pouvoirs publics : protections légales (à l'exemple de la loi de décembre 1968 qui impose, pour toute section syndicale d'entreprise, la mise à disposition de locaux et d'heures de délégation), versement de subventions croissantes, mise à disposition de personnel par les différentes administrations, ouverture dans quasiment toutes les grandes villes de Bourses du travail (qui offrent des moyens importants aux organisations syndicales), etc.

L'action syndicale aurait dû s'en trouver facilitée ; il n'en a rien été, bien au contraire. Un syndicalisme d'adhérents a cédé la place à un syndicalisme de permanents. Comme si, en France, institutionnalisation et bureaucratisation étaient historiquement condamnées à être synonymes : au-delà des chiffres impressionnants des « représentants sociaux » cités plus haut, ceux des appareils syndicaux donnent également le vertige. Limitons-nous à l'évolution des effectifs des permanents de la CGT : au début des années 1970, la confédération employait une petite soixantaine de personnes, responsables et collaborateurs confondus. Vingt ans plus tard, ce sont plus de 300 employés qui y officient. Il faut dire que le siège de Montreuil nécessite à lui seul une cinquantaine de personnels techniques (gardiens, agents de nettoyage, chauffagistes, etc.). Un nombre d'adhérents divisé par 2,5 mais un nombre de permanents multiplié dans le même temps par 5, autrement dit un permanent pour 25 000 adhérents hier, un pour 2 000 aujourd'hui…

Autre différence de taille : aujourd'hui ces dizaines, voire ces centaines de responsables et collaborateurs ne sont plus directement salariées par les centrales syndicales elles-mêmes mais mises à disposition par diverses administrations ou grandes entreprises. Nos connaissances sont lacunaires en ce qui concerne l'appui que les pouvoirs publics fournissent aux partenaires sociaux sous cette forme, et les données mériteraient certainement d'être actualisées. Retenons néanmoins qu'au début des années 1990 le nombre de décharges et mises à disposition dans les fonctions publiques d'État et territoriales s'élevaient à plusieurs milliers, environ 4 500 selon les estimations. Pointage cependant incomplet, comme le précise Dominique Labbé : « À cela s'ajoute un régime libéral d'autorisations d'absence – appelées "dispenses de service" – pour les élus à des organes de direction des syndicats (bureau, conseils ou commissions exécutives) ou les délégués aux congrès, etc. Dans l'Éducation nationale, ces dispenses équivaudraient à une augmentation d'environ 30 % du temps mis à disposition des organisations syndicales. En appliquant cette proportion à l'ensemble de l'administration française, on peut donc estimer que les organisations syndicales disposent, en temps de travail, de l'équivalent de 6 000 fonctionnaires mis à leur disposition.

« À ce premier contingent des mis à disposition par les administrations s'en ajoute un autre moins bien connu : celui des grandes entreprises nationales. D'après des indications internes à la SNCF, pour cette seule entreprise, le contingent total des mises à disposition syndicales dépasserait l'équivalent de 3 000 emplois à temps plein, soit plus de 1,3 % du personnel de la société nationale. Dans aucun autre pays développé les syndicats ne disposent de tels moyens. Ces personnels mis à disposition seraient pratiquement aussi nombreux à EDF-GDF. Et il faudrait y ajouter un nombre inconnu de permanents syndicaux à la RATP, à Air France, aux Charbonnages… »

Notons en outre que ce secteur public, dont la quasi-totalité de nos représentants syndicaux sont issus, tous l'ont quitté très tôt pour devenir des professionnels de l'action syndicale. Autant dire que leur passage par une vie active traditionnelle est toujours de courte durée. Cette absence d'expérience professionnelle n'est-elle pas un handicap fondamental pour exercer les fonctions qui sont les leurs ? Une professionnalisation qui n'est pas sans rappeler, une fois encore, celle de notre classe politique. Pourtant, syndicaliste, pas plus que député ou ministre, n'est un métier. Si nos élites politiques et syndicales voulaient bien un jour admettre cette évidence, peut-être le fossé qui les sépare de la France « réelle » cesserait-il de se creuser ?

Quoi qu'il en soit, il y a fort à parier que cette très généreuse mise à disposition de moyens par les pouvoirs publics a permis aux syndicats d'ignorer paisiblement les métamorphoses de la France au cours des « nouvelles Trente Glorieuses ». C'est Louis Bergeron, prédécesseur de Marc Blondel à la tête de FO, qui avoue : « Les droits syndicaux ont contribué à tuer le syndicalisme. » On ne peut être plus désespéré…

Pis, cette mutation du militant en professionnel de l'action sociale n'a pas signifié la conversion à un syndicalisme de services, comme celui dont profitent les salariés d'Europe du Nord notamment. Même si depuis quelques années des expériences de ce type ont vu le jour, elles ne peuvent réellement s'apparenter à une tentative générale de régénérescence de notre syndicalisme. De manière anecdotique, elles peuvent même parfois prendre des allures d'impasse, à tout le moins de dérive commerciale surréaliste : ainsi de ces militants CFDT de l'arsenal de Brest ayant mis en place un groupement d'achats, citant le cas d'un jeune ayant adhéré pour profiter d'une réduction de 15 % sur un magnétoscope !

Au contraire, loin de profiter de cet ancrage institutionnel pour réfléchir au sens de leur mission et en envisager la réorientation, nos syndicats se sont parfois fourvoyés dans des comportements que la proximité du pouvoir conditionne insidieusement. C'est ce que *Le Monde* avait révélé en janvier 2000, à la suite d'un rapport confidentiel réalisé par l'Inspection Générale des Affaires Sociales (IGAS) et consacré à la Caisse de Retraite Interentreprises (CRI), une des très nombreuses associations gérant, sous la double tutelle de l'AGIRC et de l'ARRCO, les retraites complémentaires. Rien ne manquait au menu : trésorerie opaque, notes de frais princières, rémunérations exorbitantes, achats de chevaux de course (!)… Surtout, le rapport révélait l'existence d'un système « d'échange de services ou de compétences, pour ne pas dire d'influence », ou encore « un système de financement direct ou indirect » entre la CRI et les principaux syndicats français. Et l'article d'ajouter : « Il fait peu de doute que les pratiques mises à jour dans cette association gestionnaire de caisses de retraite sont en réalité similaires dans d'autres structures équivalentes. Les caisses de retraite complémentaires sont devenues, au fil des ans, de gigantesques empires financiers dans un système tellement opaque qu'il permet d'innombrables dérives. » Petits arrangements entre amis qui passent relativement inaperçus : qui se souvient encore que Marc Blondel, au mépris de la plus élémentaire morale publique, avait disposé pendant de nombreuses années d'un chauffeur employé par la Mairie de Paris ? On sait combien il est difficile de rompre avec certaines rentes de situation, fussent-elles entachées d'illégalité…

Une culture du ressentiment

Si l'on observe les différents syndicalismes européens, on constate que tous oscillent entre un modèle monopolistique et un modèle de pluralisme modéré (ou de quasi-monopole). La Grande-Bretagne, l'Autriche et nombre de pays d'Europe de l'Est illustrent le premier schéma, marqué par la domination sans partage d'une seule confédération. L'Allemagne, l'Italie, la Suisse, l'Espagne et le Portugal incarnent la seconde : deux ou trois confédérations, parfois d'inégale assise, se partagent le « marché » de l'action sociale. Dans tous les pays, par ailleurs, on observe ces dernières années une tendance au rapprochement et à la fusion entre organisations existantes, ou à tout le moins aux pratiques unitaires de type « cartel ». Ce qui, dans tous les cas, aboutit à une action concertée et, partant, plus efficace. Une seule situation fait exception à ce tableau : la France est la seule à connaître un pluralisme syndical fortement concurrentiel. Si, chez nous, le nombre de syndiqués diminue, le nombre de syndicats augmente.

On pourrait être tenté de s'en réjouir si cette tendance se traduisait par un authentique renouvellement. Malheureusement, l'espoir est déçu par les faits. Selon un véritable phénomène de génération spontanée, les nouveaux venus prennent racine dans de vieux pots. En effet, l'émergence de nouveaux pôles s'opère sur un mode contestataire toujours par scission au sein des organisations existantes (essentiellement la CFDT mais aussi la CGT et FO). Ainsi en est-il de l'UNSA et du Groupe des Dix, ce dernier fédérant les syndicats SUD : ces créations sont toutes le fait de transfuges qui, de fait, peinent à incarner une nouvelle génération syndicale.

Cet émiettement prend en outre sur le terrain des dimensions qui fragilisent l'action collective. Un seul exemple illustre cette dérive : alors qu'en 1947 seuls deux syndicats existaient à la RATP, on en comptabilisait, un demi-siècle plus tard, une trentaine. La conséquence la plus évidente de ce pluralisme extrême est semblable à celle qu'une concurrence extrême crée sur n'importe quel marché : le dumping. Et lorsque la clientèle globale diminue, comme c'est le cas sur le « marché » de la revendication syndicale, la lutte que se livrent les centrales pour préserver leur part est acharnée. La concurrence pousse les intervenants à une surenchère démagogique qui, loin d'enrayer le déclin, semble même parfois l'accélérer. Si chacun semble croire qu'une ligne dure est plus payante qu'une stratégie « soft », l'évolution des adhésions ne confirme pas cette intuition. Certes, FO a bénéficié de ses prises de position ultra-critiques lors du mouvement de l'hiver 1995 au détriment de la CFDT. Mais d'autres exemples de durcissement dans le discours et dans l'action ont produit des effets contraires.

Quoi qu'il en soit, la violence verbale et la division l'emportent systématiquement aujourd'hui. Alors que les polémiques étaient autrefois très rares, la CFDT et la CGT allant même dans les années 1970 jusqu'à conclure des pactes d'unité d'action, les haines éclatent désormais au grand jour. De simples discussions, préalables à quelque négociation, sont maintenant la plupart du temps purement et simplement inenvisageables. L'échange d'une poignée de main entre représentants de deux confédérations lors d'une manifestation publique devient un événement médiatique qui prend le pas sur le reste de l'action. Un constat opéré par Nicole Notat elle-même : « Le pluralisme ne favorise pas l'émulation mais débouche sur un émiettement des forces, sur une concurrence faite plus de surenchères que de compétition, sur la dissonance des positions syndicales. Autant d'éléments qui décrédibilisent le syndicalisme et contribuent à un taux de syndicalisation très bas. »

Reste que cette radicalité de la revendication, poussée par les surenchères permanentes, trouve un écho plutôt favorable dans l'opinion. La posture contestataire adoptée épouse en effet parfaitement cette culture du ressentiment que nos concitoyens semblent si unanimement partager. Selon une formule d'Alain Duhamel pour décrire le cataclysme politique du printemps 2002, la France prendrait les traits d'une authentique « république des Mécontents ». Chacun croit en effet pouvoir observer une pente de déclin généralisé selon laquelle hier est toujours mieux que demain. Un pouvoir d'achat qui augmente, une pauvreté qui recule… autant de conjectures pour statisticiens obtus et déconnectés de la réalité. Cette dernière, bien au contraire, est celle d'un sentiment du « toujours moins » que seule une stratégie nostalgique de résistance peut enrayer.

Alors, logiquement, que font les mécontents nostalgiques, surtout lorsqu'ils sont minoritaires ? Ils font la grève ! C'est même, en l'absence de dialogue, le seul moyen pour eux d'imposer un rapport de forces un peu plus équilibré. Et, de ce point de vue, peut-être le seul, il faut bien reconnaître l'efficacité syndicale. Une provocation patronale ou gouvernementale, un mot d'ordre bien senti et le mouvement est lancé. La lutte retrouve alors ses lettres de noblesse et ses accents guerriers.

Seul problème de taille : les grèves n'indisposent pas ceux auxquels elles s'adressent mais ceux qui ne peuvent les éviter. D'où un sentiment de « ras-le-bol » généralisé. Certes, nous sommes aujourd'hui loin des 22 millions de jours de grève enregistrés en 1947 et *a fortiori* des 150 millions de jours comptabilisés en 1968. Depuis 1980 même, l'accalmie est bien réelle puisque le nombre de jours d'interruption du travail a été divisé par deux pour atteindre aujourd'hui 800 000 environ par an. Pourtant, si le reflux est réel, il semble bien relatif au regard des données enregistrées chez nos voisins : le nombre de jours de grève relevé hors de nos frontières tourne autour de 20 000 en Espagne (en une année, deux fois moins d'arrêts de travail que ceux recensés à la RATP en deux mois !), 30 000 au Royaume-Uni et plus de 100 000 en Italie, tous pays bien plus syndiqués que la France.

D'où l'éternel retour du fameux serpent de mer syndical : le service minimum. On retrouve ici le jeu des formules maintes fois réchauffées que se lancent à la figure les deux camps en présence : atteinte aux libertés fondamentales et à un droit chèrement acquis d'un côté, prise en otage des usagers de l'autre. Pourrait-on rêver que nos syndicats fassent preuve un jour d'innovation en imaginant des modes de grève moins impopulaires : au lieu de bloquer à chaque occasion nos transports collectifs, parfois de manière préventive (!), pourquoi ne pas imaginer une initiative pédagogique associant les usagers pour leur démontrer le bien-fondé de la lutte ? Serait-ce par paresse ou parce qu'il est difficile de démontrer l'indémontrable ?

Quoi qu'il en soit, si nos concitoyens semblent conserver un a priori favorable vis-à-vis des syndicats – en en ayant une image positive, voire très positive, à 55 % selon une enquête réalisée par la SOFRES en 1997 –, la grève est quant à elle jugée majoritairement peu ou pas efficace du tout (à 52 %). De nouvelles formes d'actions sont donc plus que jamais à inventer, en écho aux propos tenus voici près de vingt ans par Edmond Maire : « La vieille mythologie syndicale – l'action

syndicale, c'est la grève – a vécu. » Il poursuivait par ailleurs :
« Est-ce que cela veut dire que la grève est dépassée ? Il ne
s'agit pas de cela mais d'abord de partir des faits. Il y a de
moins en moins de grèves. Depuis un bon nombre d'années,
des militants syndicalistes en sont malheureux. Ils rêvent de
revenir à nos grandes grèves comme seul moyen de donner du
tonus au syndicalisme. C'est une fausse piste et aussi un aveu
de faiblesse. » Et quant à la grève dans le secteur public, il
ajoutait : « Dans le secteur public, on a l'impression que
l'objectif premier de la grève est d'affecter les usagers. »

Posture contestataire et impuissance se nourrissent donc
mutuellement. Quand une pensée ne s'exerce pas sur le réel,
elle succombe à toutes les démagogies. Et lorsqu'une radicalité simpliste imprègne tous les discours, le retour au réel s'en
trouve condamné. « Les partenaires sociaux ont un penchant
pour l'analyse simplificatrice, la solution connue d'avance, la
revendication maximaliste, autrement dit la fuite en avant »,
résume Nicole Notat.

À cet égard, le conflit de l'hiver 1995 avait donné lieu à une
déclaration commune aux cinq centrales représentatives, auxquelles s'étaient associées la FEN, la FSU et l'UNSA, au titre
évocateur : « L'avenir de la Sécurité sociale est en jeu. » Nous
ne résistons pas à la tentation de reproduire celle-ci *in extenso*
afin de démontrer, si besoin en était, l'indigence ou plutôt
l'absence de ce qu'il semble téméraire de dénommer « propositions », face à un défi énoncé avec autant de gravité :

« Au moment où le gouvernement, après un simulacre de
concertation, s'apprête à prendre des décisions touchant la
protection sociale, les organisations signataires [...] se rejoi-
gnent sur les propositions de réformes suivantes [sic !] :

« Financement – Conscientes de l'ampleur des problèmes
de financement, de coût social du chômage, des exonérations
consenties aux entreprises et des conséquences de la couverture universelle, elles préconisent une clarification des comptes. Attachées à un financement assis pour l'essentiel sur les
salaires, elles demandent son élargissement à la totalité de la

richesse produite par les entreprises. Elles demandent simultanément la participation des revenus financiers sous la forme de cotisations de sécurité sociale. Elles se prononcent contre la fiscalisation et toute forme d'étatisation de la Sécurité sociale.

« Santé – Dans le cadre d'une véritable politique de santé, la maîtrise de l'évolution des dépenses de santé initiée conventionnellement par les partenaires sociaux gestionnaires doit reposer sur les besoins de la population. Elle est la confirmation de l'optimisation des dépenses de santé et doit permettre l'accès de tous à des soins de qualité en écartant tout rationnement.

« Famille – La politique familiale est une mission fondamentale de la collectivité nationale. Une politique ambitieuse implique le droit à une juste compensation des charges familiales quels que soient le rang de l'enfant et la situation financière de la famille, sans qu'aucune mesure puisse réduire les droits qui découlent de la réglementation actuelle.

« Retraites – Les organisations signataires réaffirment leur attachement au système actuel fondé sur la répartition et la solidarité entre les générations. Elles s'opposeront à toute tentative visant à remettre en cause le régime des fonctionnaires.

« Gestion – Clarifier les responsabilités de l'État et des partenaires sociaux dans la gestion de la Sécurité sociale, allant dans le sens d'une responsabilisation accrue des organisations syndicales dans la gestion et la mise en œuvre des décisions prises.

« Les signataires appellent leurs organisations à faire largement connaître ces propositions auprès des salariés actifs, des retraités et des chômeurs [...]. »

Où sont ces fameuses propositions ? Sommes-nous là face aux arguments pesés de « partenaires » sociaux, cogestionnaires du système comme le veulent les principes du paritarisme ? Le débat plus récent sur la réforme des retraites aura été tout aussi caricatural. Propos outranciers déconnectés du réel, perte de vitesse et absence de poids sur la base, dont on a vu comment elle parvient désormais à chaque mouvement ou presque à déborder les appareils… Le social devient chaque jour plus ingouvernable dans une société française totalement bloquée. Laissons le mot de la fin à Nicole Notat : « La réforme est un art malaisé. Elle met en cause des habitudes, des acquis qui ont eu leur raison d'être à un moment mais qui ne l'ont plus nécessairement. Elle perturbe les habitudes sécurisantes, elle oblige au changement, elle crée de l'incertitude, alors que les avantages que l'on peut en espérer ne sont pas forcément immédiatement perceptibles. Elle a de bonnes chances de mobiliser plus fortement ceux qui pensent avoir quelque chose à y perdre que ceux qui en sont potentiellement les bénéficiaires. La conduite de la réforme est une prise de risques. Aussi la tentation de l'évitement est grande. Tant que le feu n'est pas dans la maison, pourquoi se presser ? » Surtout quand les pyromanes sont déjà en place…

10

Le chômage ou l'exception française

Comment oser qualifier de « glorieuses » ces trente années « piteuses » qui ont vu apparaître, progresser et se maintenir un chômage de masse ? Comment oser parler de progrès quand ce chômage touche surtout les jeunes, les femmes et les plus de 55 ans ? Comment mettre en avant les performances des entreprises quand se multiplient les licenciements et les plans sociaux ? À lui seul, le chômage ruinerait le pari de cet ouvrage qui a été de démontrer qu'entre le premier choc pétrolier de 1973 et aujourd'hui nous avons bien connu de nouvelles « trente glorieuses ».

Ce chômage de masse qu'elle n'avait jamais réellement vécu, même pendant la crise de 1929, la France le découvre en 1975. En octobre de cette année-là, la barre du million de demandeurs d'emploi est franchie. Cinq ans plus tôt, 250 000 personnes seulement pointaient à l'ANPE. En 1982, au lendemain de l'élection de François Mitterrand à la présidence de la République, on en comptabilise un peu plus de 2 millions. Ils sont 2,4 millions en 1985, près de 3 millions en 1995. En mars 2001, après trois années de forte croissance, ils ne sont plus que 2,5 millions. À l'automne 2003, à critères comparables, on en recense 2,8 millions. S'il y a bien eu des pauses et des décrues dans des statistiques par ailleurs soumises à de multiples traitements qui rendent les comparaisons

239

hasardeuses[1], la France n'est jamais sortie depuis près de trente ans d'un chômage de masse qui touche, bon an mal an, de 8 à 10 % de la population active.

Pis, à en croire le très officiel rapport au Premier ministre publié en mai 1997, près de 7 millions de personnes seraient touchées fortement par les difficultés de l'emploi. C'est que, aux 3 millions de chômeurs officiels, les auteurs ajoutaient 250 000 chômeurs découragés, 300 000 chômeurs dans l'incapacité de rechercher un emploi, 460 000 personnes retirées de la population active par les dispositifs de cessation anticipée d'activité, 1 million de personnes qui subissent l'insécurité de l'emploi, 1,5 million de personnes travaillant involontairement à temps partiel, 200 000 chômeurs partiels et 350 000 personnes sans emploi bénéficiant d'un dispositif de formation[2].

Des chiffres qui font frémir mais qui traduisent toutefois la réalité d'une « exception française » dont il ne faut guère se vanter : une sorte de « préférence pour le chômage » qui se traduit par des taux sensiblement supérieurs à ceux de nos principaux voisins et partenaires. Depuis les années 1980, en effet, la France affiche régulièrement des taux de chômage nettement supérieurs à ceux des autres pays de l'OCDE. Alors même que les trois dernières années du XXe siècle ont été marquées par une croissance forte et des records de créations d'emploi, le taux de chômage par rapport à la population active n'est jamais descendu en dessous de 9 % de la population active, un taux supérieur de près de 3 % à celui de la moyenne des pays de l'OCDE. Surtout, alors que depuis la fin des années 1980 les Pays-Bas et le Royaume-Uni affichent des

---

1. Entre la plus fermée des définitions officielles du chômage qui ne recense que les demandes d'emploi en fin de mois (chiffres de l'ANPE) et la définition la plus ouverte qui comptabilise comme chômeur toute personne déclarant être chômeur et rechercher un emploi, l'écart est de plus de 700 000.

2. Robert Castel, Jean-Paul Fitoussi, Jacques Freyssinet, Henri Guaino, *Chômage : le cas français*, La Documentation française, mai 1997.

taux de chômage en forte baisse, la situation de la France est restée sensiblement la même, comme si la poursuite de l'expansion matérielle, qui est certaine, n'avait plus la capacité de fonder le « progrès » d'une société qui a fait du « droit d'obtenir un emploi » un principe constitutionnel.

TABLEAU 60

TAUX DE CHÔMAGE
en pourcentage de la population active civile

	1980	1985	1990	1995	1997	2000	2003
Allemagne	3,2	8,0	6,2	7,9	9,5	7,8	9,4
États-Unis	7,2	7,5	5,6	5,6	4,9	4,0	5,8
France	*6,2*	*10,2*	*8,9*	*11,6*	*12,4*	*9,7*	*9,4*
Pays-Bas	4,0	9,2	6,0	7,1	5,5	2,4	2,8
Royaume-Uni	6,1	11,6	10,0	5,9	6,5	5,5	5,0

Source : OCDE.

Car c'est bien la source de tous nos problèmes. À taux de croissance comparable, la France crée moins d'emplois que ses principaux partenaires. Entre 1960 et 1999, le nombre d'emplois a progressé de 83 % aux Pays-Bas et de 103 % aux États-Unis. Il n'a progressé que de 23 % en France. En 1973, on comptait 21,2 millions d'actifs occupés en France ; en 2003, on en dénombre 23,8 millions. En trente ans, le PIB par habitant a presque doublé ; dans le même temps, le nombre d'actifs n'a augmenté que de 12 %. C'est dire à quel point notre « progrès » matériel repose sur les gains de productivité exceptionnels réalisés par les 15 millions de Français seulement qui travaillent dans le privé.

Dans les vingt-cinq dernières années, les États-Unis ont créé des emplois à un rythme de 2 % par an contre 0,3 % en France. Si la France avait connu le même taux que les États-Unis, elle aurait créé plus de 8 millions d'emplois, près de trois fois le nombre de chômeurs permanents secourus depuis les années 1980. Comme on l'a vu aussi plus haut, si la France avait la même structure d'emplois que les États-Unis, à population comparable, il lui faudrait 5,3 millions d'emplois en plus. Mieux, alors que les Français pensent que la diminution des emplois dans l'industrie est une calamité, ils ne voient pas que la croissance de l'emploi dans les activités de services est de nature à compenser une désindustrialisation inéluctable tant il est difficile de les convaincre que la stabilité de l'emploi n'est pas la garantie du plein emploi. L'industrie aurait-elle jamais décollé si l'agriculture avait gardé tous ses bras ?

TABLEAU 61

ÉVOLUTION DE L'EMPLOI (1980-1999)
(En millions)

	Union européenne	France
Diminution des emplois dans l'agriculture et l'industrie	– 10,5	– 2,9
Accroissement des emplois dans les services	31,8	4,3
Accroissement des emplois totaux	21,3	1,4
Source : OCDE.		

Plutôt que de faire de l'entreprise et de la mondialisation les boucs émissaires du cancer social qu'est devenu le chômage, mieux vaudrait désigner l'inefficacité des politiques conduites depuis trente ans aussi bien par la droite que par la gauche, une droite qui n'aime pas véritablement le marché et une gauche qui n'aime pas franchement la richesse. En fait, c'est l'action coalisée des trois « piteuses » qui explique dans une large mesure la paralysie dont souffre la France : un État contre-productif, un syndicalisme malthusien surtout préoccupé de défendre les intérêts des actifs occupés, un système éducatif qui néglige ou méprise la formation — professionnelle et continue — et condamne à l'illettrisme plus de 10 % de la population.

Pour le dire aussi brutalement que Denis Olivennes, le chômage n'est pas une fatalité, il demeure « l'effet d'une préférence collective, d'un consensus inavoué[1] ». Si on veut le combattre, rien ne sert d'implorer une reprise hypothétique du taux de croissance du PIB ; mieux vaut l'envisager comme le mode de régulation d'une société qui refuse la réforme et qui a préféré financer l'exclusion pour sauvegarder ses privilèges. Tout s'est passé comme si le chômage avait été préféré à toute remise en cause des acquis. Entre deux maux, la persistance du chômage ou la remise en cause des situations acquises, les Français ont implicitement choisi de privilégier le maintien des revenus et des privilèges. C'est la raison pour laquelle la France dépense par an près de 50 milliards d'euros (plus de 320 milliards de francs, soit plus de 100 000 francs par an et par chômeur) au titre des « dépenses pour l'emploi ». Pour le dire autrement, la France préfère donner à chaque chômeur l'équivalent annuel d'un Smic majoré des charges sociales plutôt que d'encourager par des baisses de charges ceux qui seraient tentés de l'employer. Des années 1980 à nos jours, en moyenne, l'indemnisation d'un chômeur a toujours été voisine du salaire après prélèvements obligatoires du travailleur peu qualifié. Dans ces conditions, que les spécialistes appellent une « trappe à inactivité », le fait de reprendre un emploi rémunéré améliore si peu le revenu du foyer que les bénéficiaires d'allocations renoncent à le faire. Voilà pourquoi, à croissance comparable, nous engendrons plus de chômage quand la conjoncture est faible et nous créons moins d'emplois quand la conjoncture est forte. Voilà aussi pourquoi la France fait partie des pays où les mesures de protection de l'emploi

1. Denis Olivennes, *La Préférence française pour le chômage*, Notes de la Fondation Saint-Simon, février 1994.

sont les plus contraignantes et où les agences de travail temporaire sont les plus actives.

En fait prisonniers de schémas d'un autre âge, l'État et les syndicats ont toujours pensé que, pour lutter contre le chômage, il fallait « partager le travail », c'est-à-dire pousser les jeunes à travailler le plus tard possible, pousser les vieux à prendre leur retraite le plus tôt possible, diminuer le plus possible le temps de travail de ceux, peu nombreux, occupés à travailler, et créer le plus possible d'emplois publics.

Ainsi, le taux de chômage des jeunes de 15 à 24 ans est de 20 % en France, soit environ 5 % de plus que la moyenne européenne, et 12 % de plus que les Pays-Bas ; ainsi, un actif français sur 4 appartient à la fonction ou au secteur publics, contre 1 sur 6 ou 7 partout ailleurs ; ainsi, le taux d'activité des 55-64 ans est de 37 % en France, soit 14 % de moins que la moyenne des pays de l'OCDE. C'est bien parce que peu de Français travaillent que beaucoup d'entre eux sont au chômage ! Comme le démontre à l'envi le tableau comparant le nombre d'heures travaillées annuellement par habitant, les pays qui ont affiché les meilleures performances depuis vingt-cinq ans sont les pays où l'on travaille le plus et non l'inverse.

TABLEAU 62

NOMBRE D'HEURES TRAVAILLÉES ANNUELLEMENT
PAR HABITANT

	1973	1990	1998
Allemagne	811	726	670
États-Unis	704	771	791
France	*728*	*614*	*580*
Irlande	698	546	672
Pays-Bas	671	573	660
Royaume-Uni	753	766	682

Source : Angus Maddison, *L'Économie mondiale*, OCDE, 2001.

À cet égard, les deux lois Aubry sur les 35 heures auront sans douté été les dernières lois malthusiennes, pour ne pas dire « réactionnaires », imaginant le monde du travail comme celui de la chaîne de montage inventée par Ford alors que toutes les enquêtes, y compris celle de la CFDT, montraient que la réduction des horaires n'était pas la première préoccupation des salariés.

L'élargissement des 35 heures à un secteur public alors que, dans bien des cas, les horaires effectifs étaient déjà inférieurs aux 35 heures, la création de 350 000 emplois jeunes dans le secteur public et parapublic au coût de 15 000 euros (100 000 francs) par emploi et par an, une mesure qui a surtout bénéficié aux jeunes favorisés et les a incités à différer de cinq ans le moment de chercher un emploi « normal », une politique du Smic aboutissant au doublement en trente ans du pouvoir d'achat du salaire minimum alors que le salaire moyen ne progressait que de 50 %, une volonté de maintenir les emplois d'hier au lieu de favoriser la création de ceux de demain, tels ont été les grands axes des politiques de l'emploi menées par des hommes politiques, presque tous anciens agents de l'État, qui pensent que l'emploi type est l'emploi public garanti et que le travail est une denrée rare qu'il faut partager pour diminuer le nombre de chômeurs.

Grâce à quoi l'arbitrage s'est fait en faveur de ceux qui avaient déjà un emploi au détriment de la création d'emplois pour ceux qui n'en ont pas. Un égalitarisme convenu a donné bonne conscience à tous ceux qui soutenaient des politiques en réalité plus clientélistes que sociales. De ce point de vue, les politiques de l'emploi ont été parfaitement efficaces : le taux de chômage des hommes âgés de 25 à 49 ans n'est pas plus élevé en France qu'ailleurs et l'ancienneté de ces hommes dans leur emploi est grande. Tout s'est passé comme si la génération qui avait 30 ans en 1970, celle des *baby-boomers* ayant fait la « révolution » de 1968, avait chassé les salariés vieillissants et interdit l'accès au travail des plus jeunes. Le cœur de la population active, grandie dans l'euphorie du plein emploi, a tout fait pour capter à son profit le travail et les rémunérations. Grâce à quoi ce sont les jeunes les moins bien éduqués, les femmes et les actifs les plus exposés à la concurrence qui en ont fait les frais. Car si le coût du travail peu qualifié croît trop vite par rapport à la productivité, les entreprises – et qui peut les en blâmer ? – chercheront inévitablement des modes de production économes en travail. Ce que démontre le tableau ci-dessous, c'est que les pays où les charges sociales pesant sur le travail sont les plus faibles sont en même temps ceux où le taux de chômage est le plus faible !

Tel est le cercle vicieux dans lequel la France s'est enfermée. Représentant les intérêts des actifs occupés – essentiellement des fonctionnaires –, les syndicats se sont surtout battus pour obtenir des hausses de salaire. Désirant acheter la

TABLEAU 63

COTISATIONS SOCIALES
À LA CHARGE DES EMPLOYEURS EN 1999
(*en pourcentage du PIB*)

Canada	3,1
États-Unis	3,5
Japon	5,0
Allemagne	7,3
Belgique	8,8
France	*11,5*
Italie	8,7
Pays-Bas	4,9
Royaume-Uni	3,5
Suisse	3,8
Union européenne	6,5

Source : *Statistiques des recettes publiques*, 1965-2000, OCDE, 2001.

paix sociale, les gouvernements ont surtout soigné un électorat composé d'actifs occupés et d'assurés sociaux. Seuls absents de ce contrat social, les chômeurs dont la seule rétribution a été la compassion affichée par tous ceux qui disposent d'un emploi protégé, de vacances plus longues, des 35 heures et d'une retraite à 60 ans.

Faute d'avoir compris que ce sont les activités de services et les PME qui créent l'essentiel des emplois, les pouvoirs publics, implicitement soutenus par l'opinion, ont privilégié l'accroissement de la dépense publique au développement de l'activité. Et si on paie ceux qui ne travaillent pas et qu'on impose ceux qui travaillent, il ne faut pas s'étonner que le chômage augmente. C'est qu'il n'est pas aisé, en France, de faire comprendre que, pour que des emplois se créent, il faut des entrepreneurs qui prennent le risque d'investir leur énergie et leurs capitaux sans craindre d'être privés du résultat qu'ils obtiendront… s'ils en obtiennent un. C'est qu'il n'est pas facile, en France, de créer des emplois qui exigent la maîtrise des mécanismes intellectuels de base quand 10 à 15 % des enfants sortent illettrés de nos écoles qui absorbent pourtant des « moyens » considérables. C'est bien la coalition de nos trois « piteuses » et non le ralentissement de la croissance qui explique en grande partie la préférence française pour le chômage. Quand 9 à 10 % des jeunes sortent du système éducatif sans aucun diplôme, il n'est pas surprenant que 9 à 10 % de la population active soit condamnée au chômage. Contrairement à un mythe qui a la vie dure, ce n'est pas entre la droite et la gauche que se joue la guerre entre les deux France mais entre les abrités et les exposés, entre ceux qui travaillent dans des corporations protégées et ceux qui sont obligés ou qui choisissent librement d'offrir leur force de travail sur un marché concurrentiel, entre ceux qui ne comptent pas leur peine et font de l'audace le moteur de leur vie et ceux qui réclament plus de « moyens », donc plus d'impôts. C'est dire que la guerre à venir risque d'être rude…

Conclusion

Qu'est-ce qu'on attend pour être heureux ?

Déclin, désarroi, régression sociale, manque d'idéal, mélancolie, maillon faible d'une Europe peu vaillante, déboussolée, antisémite, arrogante, les mots n'ont pas manqué pour dresser un diagnostic particulièrement sombre de la France en ce début du nouveau siècle. De ce malaise de septembre 2003 qui a fleuri sur les tombes de la canicule du mois d'août, Marc Fumaroli a été l'analyste le plus fin. « Quand on vit, comme je le fais, une partie de l'année à l'étranger, écrivait-il dans *Le Monde* du 27 septembre 2003, revenir chaque fois en France est à la fois une promesse de bonheur qui me remplit d'impatience et, une fois rapatrié, un recommencement d'angoisse… On parcourt les titres du premier journal acheté, on converse avec le taxi indigné par les manifestations… et, au bout des premiers coups de fil, l'on a bientôt la respiration oppressée par la nuée d'irritation, de frustration ou de découragement qui émane des cafouillages de la vie publique, de la vie morale et de la vie économique françaises.

« On me dira qu'un mécontentement aussi âcre est répandu ailleurs, en Europe et en Amérique. Mon expérience me fait répondre : non, pas à ce degré. Avec des rationalisations diverses, les Français me semblent les seuls à avoir mal à leur société tout entière, ils souffrent d'un rhumatisme du lien social d'autant plus pénible qu'il affecte l'ensemble d'un organisme sain et qui ne demande qu'à se lever et marcher. »

C'est que, en fait, habitants d'un pays riche qui, au cours des trente dernières années, a multiplié les « plus » tout en alignant quelques « moins », les Français n'ont pas compris que le « bonheur » n'est donné qu'à ceux qui acceptent les contraintes, possèdent la courtoisie, cultivent la générosité, admirent et respectent, s'engagent et croient toujours recevoir plus qu'ils ne donnent. On voit combien ce discours est « démodé », écrivait il y a trente ans Jean Fourastié, dans ses *Trente Glorieuses*, mais, poursuivait-il, « il est devenu observable qu'en faisant du bonheur un objectif subordonné à l'échéance d'un certain nombre de facteurs concrets, voire quantitatifs, on en a fait un objectif social, hors de portée de chaque personne considérée individuellement, indéfiniment reculé par l'échéance de nouveaux manques, de nouvelles injustices, de nouvelles inégalités, de nouvelles insécurités, et par l'indéfinie survenance d'incidents, d'accidents, de maladies, de désaccords, d'incompréhensions, de divorces… ».

« Victimes » du progrès

En fait, la guerre entre les deux France n'est pas seulement celle qui oppose les Français exposés et les Français abrités, les travailleurs du privé et les fonctionnaires, les entrepreneurs et les bureaucrates, les industriels et les financiers, les débiteurs et les créanciers, les jeunes au chômage et les *baby-boomers* gâtés, la gauche et la droite, la CGT et la CFDT, l'enseignement privé et l'enseignement public ; elle est aussi la guerre qui oppose en chacun de nous le perçu et le réel, la quête du bien-être matériel et la recherche éperdue du « bonheur » dont on mesure assez qu'il ne se cache pas dans un livre de recettes.

Du bien-être matériel, les traces sont tellement évidentes qu'elles ont fini par être niées comme s'il était insupportable d'admettre que la richesse s'était accrue et que les inégalités ne s'étaient pas aggravées. En trente ans, rappelons-le une dernière fois, les Français ont gagné sept ans de vie ; les inégalités entre les plus pauvres et les plus riches ne se sont pas aggravées, la fortune moyenne des Français a triplé, et le temps de travail des personnes employées a diminué de quatre semaines.

Force est toutefois de constater que cette progression « historique » du confort matériel s'est accompagnée d'une progression tout aussi remarquable du sentiment que tout va plus mal qu'avant. Cela tient tout d'abord au fait que ces « progrès » ont aussi multiplié les anxiétés et les frustrations. Ainsi, les sept années gagnées sur la mort se sont aussi traduites par une forte poussée des maladies liées au vieillissement : 765 000 personnes de plus de 75 ans sont atteintes de la maladie d'Alzheimer, cette affection neuro-dégénérative qui se caractérise par une lente et inexorable perte des fonctions intellectuelles et motrices. Les maladies mentales sont également plus fréquentes chez les personnes âgées : sur les 165 000 nouveaux cas annuels de démence, 70 % concernent les personnes de 80 ans et plus. C'est aussi l'ostéoporose qui est à l'origine d'environ 130 000 fractures par an. C'est enfin la canicule du mois d'août 2003 qui a révélé la misère et la solitude de ceux qui vivent sous les toits ou dans les couloirs des maisons de retraite. Dans la mesure où l'allongement de l'espérance de vie s'est aussi accompagné d'une dépendance accrue, ce premier progrès, considérable, ne pouvait être porté au crédit de la croissance.

De même, l'accroissement sensible du pouvoir d'achat au cours des « nouvelles Trente Glorieuses » a permis aux Français d'accroître leur confort, mais il a aussi donné à leur vie une dimension matérielle envahissante dont ils se demandent, à juste raison, si elle est la condition nécessaire du bonheur. Conformément à la sagesse populaire qui prétend sans convaincre que « l'argent ne fait pas le bonheur », ceux qui ont vu, sans en prendre conscience, leur pouvoir d'achat doubler se rendent compte que l'argent ne fait pas tout. Certes, le patrimoine moyen des Français a triplé, mais ils sont en même temps de plus en plus nombreux à vivre au rythme des fluctuations du CAC 40 et à prendre la mesure du risque boursier. Paradoxalement aussi, plus les Français ont gagné du temps pour eux, plus ils éprouvent le sentiment désagréable d'être de plus en plus « occupés ». Dans un monde où l'urgence est devenue la règle, « manquer de temps », « perdre son temps », « gagner du temps » sont devenues des expressions qui marquent la vie de tous les jours et ont fait des Français qui travaillent plus que d'autres des toxicomanes de l'action. D'où l'immense fatigue des « victimes » du progrès.

Des « bienfaiteurs » mal aimés

Surtout, dans leur grande majorité, les Français ne peuvent admettre que ce progrès matériel est avant tout lié à l'action conjuguée des entreprises, du travail et de la mondialisation. Persuadés que le capitalisme enfante plutôt le mal que le bien, que nos temps « modernes » sont pires que ceux auxquels ils ont succédé, ils vivent comme un réel calvaire la métamorphose d'une société qui s'éloigne du modèle auquel ils étaient attachés pour épouser une nouvelle phase de son histoire. Sans avoir lu Marx et en ne votant plus pour le parti communiste, une majorité pense toutefois spontanément, comme l'auteur du *Manifeste du parti communiste*, que « dans la mesure où le capital se développe, on voit se développer la classe des travailleurs modernes qui ne trouvent de l'ouvrage qu'autant que leur travail accroît le capital… [que] ces travailleurs sont obligés de se vendre morceau par morceau telle une marchandise et, comme tout autre article de consommation, qu'ils sont livrés à toutes les vicissitudes de la concurrence et à toutes les fluctutations du marché ».

Se demandant, au cours de la Seconde Guerre mondiale, pourquoi ce réquisitoire anticapitaliste était si populaire alors qu'à long terme la croissance a beaucoup plus profité aux pauvres qu'aux riches, Joseph Schumpeter écrivait ces propos qui illustrent de manière forte la guerre entre les deux France : « Il apparaît que la prise de conscience raisonnée de la performance économique du capitalisme et des espoirs que l'on est en droit de fonder sur lui supposerait de la part des non-possédants une abnégation quasi inhumaine. En effet, cette performance ne ressort que sur le plan d'une perspective lointaine : tout argument procapitaliste doit être fondé sur des considérations à long terme. À court terme, ses superbénéfices et ses inefficacités se profilent au premier plan. Aux yeux des masses, ce sont les considérations à court terme qui comptent. Un progrès séculaire, considéré comme allant de soi, accouplé à une insécurité individuelle douloureusement ressentie, constitue évidemment la meilleure des huiles à jeter sur le feu de l'agitation sociale[1]. »

Comme la lectrice de Fourastié qui ne voulait pas croire que le pouvoir d'achat des salariés s'était accru alors même que les prix s'envolaient au lendemain du premier choc pétrolier, les Français, pour la plupart, refusent toujours d'admettre que la pauvreté ne s'est pas aggravée et que les inégalités ne se sont pas creusées, comme si les indemnités de « licenciement » exigées par Jean-Marie Messier suffisaient à brouiller la perception qu'ils peuvent avoir de la distribution des revenus. Autre symptôme, 89 % des Français sondés en juillet 2003 par CSA pour *Les Enjeux-Les Échos* se déclarent « heureux » dans leur travail mais ils ne sont que 45 % seulement à juger que les salariés français éprouvent le même bien-être ! Toujours cette schizophrénie qui tend à devenir une maladie spécifiquement française et explique qu'un quart des personnes qui consultent en médecine générale présentent des troubles mentaux ! Tant il est vrai qu'il est « troublant » d'admettre que le « capitalisme » est plus civilisé que barbare.

1. Joseph Schumpeter, *Capitalisme, socialisme et démocratie*, Londres, 1942.

Tant il est vrai qu'il est plus facile de ressentir que de comprendre.

Les « piteuses » encensées

Surtout, alors qu'elle explique pour une large part leur mal-être, l'action conjuguée des trois « piteuses » continue à susciter l'espoir des Français, tant l'État, le syndicalisme et l'Éducation nationale restent l'essence d'un modèle qu'il conviendrait pourtant de retoucher. Si la France est, plus que d'autres pays, tourmentée par l'avènement d'une économie plus ouverte sur l'extérieur, plus exigeante mais en même temps plus autonome, c'est qu'elle reste dans sa tête attachée au modèle hiérarchique qui s'est épanoui au siècle de l'industrie. Une administration soumise à des règles d'avancement strictes et relativement égalitaires ; une école prenant la totalité d'une génération au cours préparatoire et propulsant les plus doués au sommet de l'État, par le biais des grandes écoles ; des patrons soumis au contrôle des prix et aux injonctions du commissaire au plan ; un Trésor gérant le marché des capitaux et imposant ses choix en matière d'investissement ; des travailleurs persuadés que leur sort ne dépend pas de la réussite de la firme pour laquelle ils travaillent mais du combat que mènent les syndicats pour arracher à un patronat toujours cupide les miettes du profit, telles ont été, au-delà des divergences idéologiques moins radicales qu'on ne le pense, les valeurs communément partagées par tous ceux qui voulaient la croissance sans le marché, le plein emploi sans le risque, l'éducation sans la sélection et le revenu sans l'inégalité.

Autant dire qu'ils ont beaucoup de peine à admettre que les « moteurs » de la société industrielle sont devenus les « freins » du monde nouveau qui est en train de naître sur ses décombres. Ce que certains appellent par paresse d'esprit la « marchandisation » n'est rien d'autre que l'avènement d'une société de services où la responsabilité et l'autonomie vont de pair avec la capacité de rester relié aux autres en permanence. Il y a à peine trente ans, les personnes non qualifiées se trouvaient encore en équipes sur les vastes chaînes de montage. Aujourd'hui, plus de la moitié d'entre elles sont employées dans les services ou dans des entreprises de taille beaucoup plus faible qu'auparavant. Pour nombre d'entre elles, le contact avec la clientèle est devenu fréquent : près de 40 % des ouvriers déclarent ainsi que leur travail est directement dépendant des exigences de la clientèle et du public.

L'autre changement de taille auquel on assiste est le passage d'une logique des qualifications à une logique des compétences. D'un côté un savoir technique sanctionné par un diplôme ou un statut reconnu par la branche ; de l'autre, une capacité à utiliser des qualifications distinctes et multiples et à les mettre à jour. D'un côté, un savoir rigidifié ; de l'autre, un savoir capable de s'adapter à des situations changeantes. Dans une large mesure, le système éducatif n'a pas encore enregistré cette évolution tant il a été conçu pour les besoins d'une société bureaucratique. Dans une société où chacun a de plus en plus à acheter ou vendre quelque chose, son mépris pour la vente et la négociation explique pour une bonne part la « préférence française pour le chômage ». Le raisonnement vaut malheureusement aussi pour un grand nombre de cadres de plus de 50 ans écartés de l'emploi moins parce qu'ils coûtent trop cher que parce qu'ils manquent de la souplesse d'adaptation qu'exigent les évolutions en cours. Dans une certaine mesure, les exclus d'aujourd'hui sont les mal formés d'hier. Un pays où les filières professionnelles sont encore considérées comme des filières d'exclusion ne peut que recueillir les fruits amers de son attachement à un modèle périmé.

Inventer un système éducatif adapté à une société d'information ouverte sur le monde, comprimer les dépenses de l'État pour le rendre plus productif et améliorer ses « services », imaginer un nouveau dialogue social, peut-on espérer que les Français puissent se rallier un jour à un tel programme ?

En 1774, nommé au poste de contrôleur général des Finances pour éradiquer le mal qui rongeait l'Ancien Régime, Turgot avait adressé cette lettre à Louis XVI : « Je serai craint, haï même de la plus grande partie de la Cour, de tout ce qui sollicite des grâces. On m'imputera tous les refus ; on me peindra comme un homme dur, parce que j'aurai représenté à Votre Majesté qu'elle ne doit pas enrichir même ceux qu'elle aime aux dépens de la substance du peuple. Ce peuple auquel je me serai sacrifié est si aisé à tromper, que peut-être j'encourrai sa haine par les mesures mêmes que je prendrai pour le défendre de toute vexation. Je serai calomnié, et peut-être avec assez de vraisemblance pour m'ôter la confiance de Votre Majesté. Je ne regretterai point de perdre une place à laquelle je m'étais jamais attendu. Je suis prêt à la remettre à Votre Majesté, dès que je ne pourrai plus espérer lui être utile. »

Deux ans plus tard, Turgot était disgracié et ses réformes annulées. Le champ était libre pour que s'ouvre la guerre entre la France crispée sur ses privilèges et celle qui portait le progrès.

Aujourd'hui, nul besoin d'un Turgot pour proposer un programme d'une telle audace. La guerre entre la France qui avance et la France qui campe sur ses positions est déjà largement ouverte. À chaque Français de choisir clairement son camp, celui de l'abri derrière une nouvelle ligne Maginot ou celui de la guerre de mouvement.

BIBLIOGRAPHIE
Bibliographie

BIBLIOGRAPHIE

1 - Sources documentaires

Sources publiées

Analyse des politiques d'éducation, OCDE, 2002.

Annuaire statistique de la France, INSEE (années 1952 à 2002).

Données sociales, de la première édition, inaugurée en 1973 à la onzième édition, publiée en novembre 2002, INSEE.

Évaluation de la recherche publique dans les établissements publics français, Comité national d'Évaluation de la Recherche, La Documentation française, 2003.

Fonctions publiques : enjeux et stratégie pour le renouvellement, Commissariat Général du Plan, La Documentation française, 2000.

La fonction publique et la réforme de l'État, Ministère de la Fonction publique et de la Réforme de l'État, La Documentation française, 2001.

La Gestion du système éducatif, Rapport public particulier, Cour des Comptes, 2003.

La Mise en place d'indicateurs de résultats dans trois ministères, Comité d'enquête sur le coût et le rendement des services publics, La Documentation française, 2001.

La Place des actions dans le patrimoine des ménages, Commissariat Général du Plan, La Documentation française, 2002.

Les comptes et la gestion de la Poste (1991-2002), Cour des Comptes, 2003.

L'État de l'École, Direction de l'évolution et de la prospective, Ministère de la Jeunesse, de l'Éducation et de la Recherche, n° 13, octobre 2003.

Mesurer les charges fiscales. Quels indicateurs pour demain ?, OCDE, 2000.

Organiser la politique européenne et internationale de la France, Commissariat Général du Plan, La Documentation française, 2002.

Rapport d'Information fait au nom de la mission commune d'information chargée d'étudier l'ensemble des questions liées à l'exportation des compétences, des capitaux et des entreprises, par André Ferrand, Sénat, juin 2001.

Regards sur l'éducation, Les indicateurs de l'OCDE, 2002.

Renforcer l'attractivité de l'Économie française au service de la croissance et de l'Emploi, Conseil économique et social, 2002.

Statistiques rétrospectives de l'OCDE, 1970-1999, OCDE, 2001.

Tableaux de l'économie française, 27 éditions (dernière parution, mars 2003).

Un demi-siècle d'actualité économique et sociale, INSEE, 1996.

Sur internet

DARES (Direction de l'Animation de la Recherche, des Études et des Statistiques). Emploi et solidarité.

INED (Institut National d'Études Démographiques)

INSEE (Institut National de la Statistique et des Études Économiques)

OFCE (Observatoire Français des Conjonctures Économiques)

CFCE (Centre Français du Commerce Extérieur)

CES (Conseil Économique et Social)

Cour des comptes et chambre régionale des comptes

OCDE (Organisation de Coopération et de Développement Économique)

Eurostat (Office statistique des Communautés européennes)

2 - Bibliographie

Allègre, Claude, *Les Audaces de la vérité*, Robert Laffont, 2002.

Amadieu, Jean-François, *Les Syndicats en miettes*, Le Seuil, 1999.

Aubry Martine, *Le Choix d'agir*, Albin Michel, 1994.

Bairoch, Paul, *Mythes et paradoxes de l'histoire économique*, La Découverte, 1995.

Baverez, Nicolas, *La France qui tombe*, Perrin, 2003.

Baverez, Nicolas, *Les Trente Piteuses*, Flammarion, 1997.

Bourdelais, Patrice, *L'Âge de la Vieillesse*, Odile Jacob, 1997.

Carré Jean-Jacques, Dubois Paul, Malinvaud, Edmond, *La Croissance française*, Le Seuil, 1972.

Cohen, Daniel, *Les Infortunes de la prospérité*, Julliard, 1994.

Cohen, Daniel, *Nos Temps modernes*, Flammarion, 1999.

Compétitivité, rapport Michèle Debonneuil et Lionel Fontagné, Conseil d'Analyse économique, La Documentation française, 2003.

Bibliographie

Cotta, Alain, *Une glorieuse stagnation*, Fayard, 2003.

De Montbrial, Thierry (dir.), *La France du nouveau siècle*, PUF, 2002. Didier Michel, (dir.), *Des idées pour la croissance*, Economica, Rexecode, 2003.

Dubet, François, *Pourquoi changer l'école*, Textuel, 1999.

Duru-Bellat, Marie, *Les Inégalités sociales à l'école. Genèse et Mythes*, PUF, 2002.

Fauroux, Roger et Spitz, Daniel (dir.), *Notre État*, Robert Laffont, 2000.

Fitoussi, Jean-Paul et Rosanvallon, Pierre, *Le Nouvel Âge des inégalités*, Le Seuil, 2000.

Fourastié, Jean, *La Grande Métamorphose du xxᵉ siècle*, PUF, 1961.

Fourastié, Jean, *Les Trente Glorieuses*, Hachette, Pluriel, 1979.

Fourastié, Jean, *Pourquoi les prix baissent*, Hachette, Pluriel, 1984.

Gadrey, Jean (avec J.-C. Delaunay), *Les Enjeux de la société de service*, Presses de la Fondation nationale des sciences politiques, 1987.

Gadrey, Jean, *Socio-économie des services*, La Découverte, 2003.

Galbraith, John Kennet, *Le Nouvel État industriel*, Gallimard, 1968.

Gave, Charles, *Des lions menés par des ânes*, Robert Laffont, 2003.

Godet, Michel, *Emploi. Le grand mensonge*, Fixot, 1994 ; Pocket, 1999.

Godet, Michel, *Le Choc de 2006*, Odile Jacob, 2003.

Gordon, Philip H., Meunier, Sophie, *Le Nouveau Défi français*, Odile Jacob, 2002.

Guillaume, Thomas, *L'Économie française à l'aube du xxiᵉ siècle*, Economica, 2000.

Inégalités économiques, rapports Tony Atkinson, Michel Glaude et Lucile Olier, Conseil d'analyse économique, La Documentation française, 2001.

Johannet, Gilles, *Santé, dépenser sans compter*, Santé de France, 1995.

Julliard, Jacques, *La Faute aux élites*, Gallimard, 1997.

Kaltenbach, Pierre-Patrick, *Tartuffe aux affaires*, Les Éditions de Paris, 2001.

Kouchner, Bernard, *Le premier qui dit la vérité*, Robert Laffont, 2002.

Labbé, Dominique, *Syndicats et syndiqués en France depuis 1945*, L'Harmattan, 1996.

La France de l'an 2000, Rapport au Premier ministre de la commission présidée par Alain Minc, Odile Jacob, 1994.

La France est-elle un pays d'exception ?, Le Monde /éditions de l'Aube, 2002.

Landes, David, *Richesse et pauvreté des nations*, Albin Michel, 2000.

Le Play, Frédéric, *Les Ouvriers de l'Occident*, Mame, 1857.

Lesourne, Jacques, *Le Modèle français*, Odile Jacob, 1998.

Lhermie, Christian, *Carrefour ou l'invention de l'hypermarché*, Vuibert, 2003.

Maddison, Angus, *L'Économie mondiale*, OCDE, 2001.

Bibliographie

Maddison, Angus, *L'Économie mondiale : statistiques historiques*, OCDE, 2003.

Majnoni d'Intignano, Béatrice, *L'Usine à chômeurs*, Plon, 1999.

Marchand, Olivier, Thélot, Claude, *Le Travail en France. 1800-2000*, Nathan, 1997.

Marseille, Jacques (dir.) *Créateurs et créations d'entreprises de la révolution industrielle à nos jours*, ADHE, 2000.

Marseille, Jacques, (dir.), *La Révolution commerciale en France*, Éditions Le Monde, 1997.

Marseille, Jacques, *Le Grand Gaspillage*, Plon, 2002.

Maruani, Margaret, *Les Mécomptes du chômage*, Bayard, 2002.

Maurin, Éric, *L'Égalité des possibles*, Le Seuil, 2002.

Meda, Dominique, *Qu'est-ce que la richesse ?*, Flammarion, 1998.

Mondialisation et diversité culturelle. Le cas de la France, Les notes de l'IFRI, 2003.

Mouriaux, René, *Crise du syndicalisme français*, Montchrestien, 1998.

Mouriaux, René, *Le Syndicalisme en France*, PUF, 1992.

Olivennes, Denis, *La Préférence française pour le chômage*, Notes de la Fondation Saint-Simon, 1994.

Picketty, Thomas, *Les Hauts Revenus en France au XXe siècle*, Grasset, 2001.

Plein emploi, rapport de Jean Pisani-Ferry, Conseil d'Analyse économique, La Documentation française, 2001.

Préel, Bernard, *Le Choc des générations*, La Découverte, 2000.

Rochefort, Robert, *La Société des consommateurs*, Odile Jacob, 1995.

Rochefort, Robert, *Le Consommateur entrepreneur*, Odile Jacob, 1997.

Rosa, Jean-Jacques, *Le second XXe siècle*, Grasset, 2000.

Régulation du système de santé, Mougeot Michel et alii, Conseil d'Analyse économique, 1998.

Rosanvallon, Pierre, *La Crise de l'État-providence*, Le Seuil, 1981.

Rosanvallon, Pierre, *La Nouvelle Question sociale*, Le Seuil, 1995.

Rosanvallon, Pierre, *La Question syndicale*, Hachette, Pluriel, 1998.

Schumpeter, Joseph, *Capitalisme, Socialisme et Démocratie*, traduction Payot, 1963.

Terrail, Jean-Pierre, *De l'inégalité scolaire*, La Dispute, 2002.

Thélot, Claude, *L'Évaluation du système éducatif*, Nathan, 1993.

Vimont, Claude *et alii*, *Concurrence internationale et balance des emplois*, Economica, 1997.

Vimont, Claude, *Le Nouveau Troisième Âge*, Economica, 2001.

Vingt ans de transformations de l'économie française, Cahiers français, n° 311, 2002.

Zimmern, Bernard, *La Dictature des syndicats*, Albin Michel, 2003.

Table

collection tempus
Perrin

DÉJÀ PARU

À PARAÎTRE

Impression réalisée sur Presse Offset par

BRODARD & TAUPIN

GROUPE CPI

La Flèche (Sarthe), le 10-01-2005
pour le compte des Éditions Perrin
76, rue Bonaparte
Paris 6ᵉ
N° d'édition : 1979 – N° d'impression : 27906
Dépôt légal : janvier 2005
Imprimé en France

45.95.

320 Watt Digital
G-8
$100.